はじめに

社員の仕事と介護の両立支援について企業の関心が高まりつつある。現状では、介護の課題に直面している社員の数は多くないものの、仕事と介護の両立に不安を抱いている社員が多いことが背景にある。同時に、仕事と介護の両立支援の必要性を感じつつも、どのように取り組めばよいのか悩んでいる企業も少なくない。両立支援へ取組みをはじめた企業の中には、仕事と子育ての両立支援と同じ考えでよいと誤解している場合もある。仕事と介護の両立支援と仕事と子育ての両立支援には、共通する部分もあるが、異なる部分が多いにもかかわらずその点への理解が欠けているのである。

両者の違いを十分に理解せずに両立支援に取り組むと、社員の仕事と介護の両立を阻害することにもなりかねない。仕事と子育ての両立支援では、男女ともに子育てに積極的に関われるように社員を支援することになるが、他方、仕事と介護の両立支援では、介護を社員が抱え込むことなく両立をマネジメントできるように必要な情報を提供することが基本となる。この点を具体的に説明すると、育児休業と介護休業では、休業を利用する目的が異なり、育児休業では社員が子育てに専念するのに対して、介護休業では介護に専念するのでなく、社員は仕事と介護の両立のための準備をするのである。もし介護休業を取得して社員が介護に専念するとなると、介護に要する期間を事前に予測できないだけでなく、平均でも4年から5年を要するため、仕事への復帰が難しいことになる。こうした両者の違いを理解した上で、仕事と介護の両立支援に取り組むことが企業には求められる。

一方、企業だけでなく、社員自身も仕事と介護の両立に関して、両立の方法を理解できておらず、そのことが社員の介護不安を高めている。介護不安の背景に、社員が仕事と介護の両立に必要となる基礎的な知識を欠いていることがある。たとえば、40歳以上になると介護保険制度の被保険者となるが、40歳以上の社員であってもそのことを理解しておらず、また勤務先の両立支援制度に関して知識を持たず、さらには介護休業の存在を知っていても育児休業と同様に介護するための制度と誤解している者も多い。介護保険制度の被保険者になっていることを知らない社員は、自分の親も介護保険制度の被保険者であり、65歳以上で要介護認定を受けることで介護保険による介護支援サービスを利用できることを知らない可能性も高い。これらのことから、仕事と介護の両立に必要な基礎的な情報を社員に提供することが、企業による支援の最初の取組みとなることが理解できよう。

本書は、社員の仕事と介護の両立支援を企業として取り組むことの必要性や、両立支援の基本的な考え方、さらには両立支援の方法をデータや事例に基づいて、具体的に紹介している。仕事と介護の両立支援は、企業の人材活用における緊急の取組み課題であることから、本書を参考にして両立支援に取り組む企業が増えることを期待している。

本書で分析に利用しているデータの多くは、筆者らが参加した厚生労働省雇用均等・児童家庭局（当時）の委託研究と、ワーク・ライフ・バランス推進・研究プロジェクト（代表・佐藤博樹）による調査が主となる。データの利用に関してご了解いただいたことを記して感謝を申し上げる。

本書は、佐藤と矢島で内容と構成を議論したのち、分担して執筆し、その後さらに両者で調整した。佐藤がⅠ、Ⅱ、Ⅴ章を、矢島がⅢ、Ⅳ、Ⅵ章を担当した。

本書の企画から刊行まで、労働調査会出版局のみなさんに大変お世話になった。当初の予定より刊行が大幅に遅れたにもかかわらず、粘り強く原稿執筆をサポートしていただいたことに心からお礼を申し上げる。

佐藤博樹・矢島洋子

新訂 介護離職から社員を守る―ワーク・ライフ・バランスの新課題

目次

I章 なぜ企業に仕事と介護の両立支援が求められるのか

Ⅱ章　介護が必要になる前の情報提供が重要に

Ⅲ章　両立支援制度の設計・見直し

Ⅳ章　両立に直面した人への支援

序章

対談

介護離職を防ぐ取組みは広まったか

〜〈働きながらの介護〉を新常識とするために〜

対談・介護離職を防ぐ取組みは広まったか

～〈働きながらの介護〉を新常識とするために～

佐藤博樹 × 矢島洋子

『介護離職から社員を守る』の初版発行から3年経過した。その間、介護保険法や育児・介護休業法が改正され、法律面での両立支援の後押しはいくぶん前進し、企業の法対応も行われてきている。仕事と介護の両立の前提となる全社員の働き方改革については、法改正の見通しを踏まえた、企業の試行錯誤が続く状況だ。

一方で、本書で紹介している仕事と介護の両立の基本的考え方や介護休業制度の意味などは、理解が十分広まっているとは言い難い状況もある。また、仕事と介護の両立に直面する前の意識啓発に取り組んできた企業などからは、意識啓発が離職防止に効果を上げているのかどうかよくわからない、実際に介護に直面した社員の個別支援をどのように行えばよいのかわからない、といった声も聴かれる。

本書の初版発行以降、働きながら介護を行う社員を支える動きはどこまで広がったのであろうか。本人の意識、企業や社会の取組みの状況等の詳細は本編でデータとともに紹介するとして、この対談では、介護離職を防ぐ企業の取組みの広がりと、法制度を含めた社会の環境変化及び労働者の意識変化等について語っていただく。

1 育児・介護休業法の改正は介護の実態に合わせた改正内容

佐藤　平成29年1月1日に育児・介護休業法が改正され、特に介護に関しては大きな改正がありました。一つは、3回を限度に介護休業を分割取得することが可能になったことです。介護はいつまで続くか分からないため、介護休業を取得する場合も、自分が直接的な介護を担うのでなく、仕事と介護の両立の体制を準備するために活用することが大切です。その趣旨からすると、分割取得ができれば1人につき93日でかなりの部分がカバーできます。そのため、今回の改正では介護休業期間については延長されませんでした。

改正の2つ目は、これまで1日単位であった介護休暇が、半日単位での取得が可能になったことです。在宅介護を希望する高齢者が多いこともあり、在宅から介護が始まる場合が多く、介護保険上、月に1回ケアマネジャーとの相談が家族に求められることになります。その時間は1時間か1時間半程度ですから、半日の分割取得ができれば丸一日の介護休暇を使わなくてもよくなります。また、日中の相談が可能となり、ケアマネジャーのワーク・ライフ・バランスの面でも、介護の実態に合った介護休暇の改正がなされたといえるでしょう。

さらに、もう一つ、今回の改正では時間外労働免除が新設されました。

2 企業では実質的な取組みも進んだ

佐藤　以上のように、法改正は平成29年1月1日ですが、それ以前から仕事と介護の両立支援への関心が高まり、就業規則の整備をはじめ法改正に合わせた情報提供など制度面だけではなく実態としての取組みを進めてきた企業も多いです。ただ、介護休業の考え方についてはまだまだ温度差があり、マスコミなども介護休業期間を延長した企業を望ましいものとして評価する趣旨の特集を組んだりしていますから、今後は両立に関して正しい視界を広めていく必要があると思いますが、矢島さん、いかがですか。

矢島　おっしゃるとおり、働きながら介護している人を実際に調査してみますと、介護休業を利用しない理由として「そこまで長い休みは必要ない」という声が多く聞かれます。むしろ、就業を継続するためには、長期に休むよりも、数週間程度の少しまとまった休みで介護の体制づくりをして、復帰した後は、時間外労働免除やフレックス、在宅勤務などの柔軟な働き方や必要な時に半日や1日単位の休暇を取りながら両立を図るという考え方が有効です。今回の法改正は、これまでの研究で把握された仕事と介護の両立実態を踏まえ、こうしたコンセプトに沿ったものになっていると思います。

そういう意味では、すでに必要な制度は整っている企業も多く、法対応以上に休業期間を拡充したりするよりも、子育てのための柔軟な働き方の選択肢の対象を介護事由に広げたり、実際に制度を利用しやすくするための情報提供や相談体制を充実させるといった実質的な取組みが、ここ最近進んでいるように思います。

佐藤　そうですね。厚生労働省の委託事業や自主的な研究も含めて、我々の研究が反映された改正であると思います。

一方、「子育てと仕事の両立」と、「介護と仕事の両立」を同一に考えてしまう結果、介護休業も育児休業と同じようにとらえられてしまうという誤解がまだ根強いです。少し考えれば分かるように、子育ての場合は女性の妊娠が分かったときから支援がはじまり、産休や育休があり、その後もいくつかの支援制度がありますが、支援の必要が分かってから情報提供などしても十分間に合います。しかし、介護の課題は、突然始まることが多いため、心構えや様々な情報を事前に提供しておくことが必要になります。介護に直面する前に介護休業や介護保険制度によるサービスをどう使うのかといったようなことを、社員自身が知っておく必要がありますが、その点での企業の取組みはまだ遅れているのではないでしょうか。

矢島　マスコミでは、非常に困難な事例ばかりを取り上げ、仕事と介護の両立はとても難しいと印象付ける傾向があります。介護保険サービスや施設が足りないといったメッセージも強く打ち出しています。しかし実態としては、介護サービスを活用し、それほど大幅ではない働き方の調整をしながら両立している人もたくさんいます。むしろ、社員が「仕事と介護の両立はできない」と思い込んで会社にも自治体にも相談しないまま離職を決断してしまうということが介護離職の大きな要因となっています。ですので、本書でも紹介していますが、企業の取組みとしては、なによりもまず、「会社として支援するから辞めないで続けてほしい」というメッセージをどれだけ社員に伝えていけるかということが大切だということを知っていただきたいです。

3 厚生労働省のサポートツールも活用を

佐藤　政府の「介護離職ゼロ」の取組みは、逆にいうとそれだけ「介護離職が多い」というネガティブなメッセージにもつながります。それにしても、テレビや新聞は両立できている人は取り上げませんね。なぜか離職した人ばかりにスポットを当てます。

矢島　普通に両立している人たちは決して極端な働き方をしているわけではありません。もともと残業が少ない職場であるとか、直行直帰やテレワークが可能であるとか、上司の理解があって、緊急時に安心して休みがとれるといったことで続けられているという話をたくさん聞いています。一方で、残業を免除してもらっているけれど周りの人が長時間働いているので申し訳ないとか、休みは取れているけれど上司がどう思っているのか不安だ、ということになると続けることが困難だと思ってしまう、という面もあります。遠距離介護についても、マスコミでは、都会で働く人が、非常に無理をして通いながら自分で親の介護をしている例や、離職してしまう例が紹介されます。そうかと思うと、地方では地域医療と介護の連携による包括的なケアで、一人暮らしの高齢者を支えている取組みが紹介されたりします。実際には、それらの中間の形があります。家族と地域が協力し合って高齢者を支える。そういった事例を紹介したり、そうした両立がもっとしやすくなるように、地域と企業の支援を連携するための取組みを検討していくことが必要ではないでしょうか。

佐藤　大企業の中には遠距離介護を支援するだけでなく、「呼び寄せ」を支援する体制を作っている会社もあります。呼び寄せた方がよい場合もあるかもしれませんが、地域から切り離されてしまうと友だちがいなくなるとか、方言の問題などで、一気に要介護度が進むこともあるそうです。呼び寄せれば遠距離介護の問題がすべて解決するわけではなく、社員自身が自分の働き方と合わせた介護を専門家に相談し、その社員を会社が支えていくことがとても大切です。遠距離介護の負担をどう軽減していくかという視点で、厚生労働省の委託事業では支援ツールを作られていますね。

矢島　はい、厚生労働省では実際に介護に直面した社員に対してどういうタイミングで人事や管理職が面談し、どのようにサポートするかというノウハウをまとめたマニュアルを作っています。面談シート等のツールもあります。*介護は子育てと違い人事や管理職が関わるタイミングがまちまちなため、相談を受けたときに、すでに介護がスタートしているのか、介護の体制が固まっているのかなど、状況に応じて、何回かに分けて相談をしながら両立支援体制を作っていく必要があります。最初に相談を受けたときに社員に伝えることや、両立支援体制を作る際に確認すべきことなど、一から人事担当者や管理職が考えるのは大変なので、ぜひ厚労省の支援ツールを活用していただければと思います。具体的な支援体制についても、社員と介護を必要とする親御さんの状況により、いくつかのモデルプランが提示されているので、先ほど佐藤先生がおっしゃったように、遠距離介護のケースなどについても参考になります。

佐藤　社員が親御さんと話し合うとき、あるいはケアマネジャーと話し合うときなど事前に話し合う場合のチェックリストも厚労省の委託事業で作られていますよね。*

矢島　企業の両立支援に活用できる情報やツールが充実していることは、人事担当でも知らない方が多いようです。たとえば従業員に配布するための、基本的な仕事と介護の両立についてのパンフレットには、会社の制度を書き込む欄があり、ここを書き加えさえすれば、そのまま自社のツールとして配れる状態になっています。最近もある企業の方に紹介したら大変驚かれていました。せっかく国が出している資料ですから、ぜひ積極的にご活用ください。

佐藤　事前の心構えの基礎知識のパンフやケアマネジャーとのコミュニケーションのとり方についてのパンフレットもあります。また、企業研修のツールもあり、社員が介護に直面したときに面談する際のシートもあります。*

4　企業・本人・ケアマネジャーがよく相談を

佐藤　たとえば遠距離の見守りのために月に1回ほど親御さんのところに通っていた社員が、今度は介護の体制を作るために2、3週間介護休業を取る必要ができ、介護の体制が整った後は、月に1回介護休暇を取ることになったとします。そうするとこの社員が、介護休業や介護休暇をとるために仕事の引き継ぎ等を考えなければなりません。子育てと違って介護の場合は、まず介護休業を取るときはどうするのか、体制ができた後、月に1回介護休暇取得で休むときはどうするのかということを、本人と会社の上司や人事と相談し、その都度自分の働き方を決めていくことになります。子育てのように、育児休業を一つの基準として、その前後での支援を考えるというパターンではなく、こういった介護の複雑な実態を踏まえて、各段階に応じた対応ができるよう面談シートなども工夫されています。

矢島　介護離職というと、要介護度が重くなって介護負担が増すことでリスクが高まると思われがちですが、実は、介護がスタートした初期の段階が危ないのです。要介護度も軽くて、ケアマネジャーやホームヘルパーなどの介護事業者と関わっていない状況で、誰にも相談していないことで不安になって離職を決断してしまう可能性があります。だからこそ早い段階から会社や地域に相談できる風土をつくること、早期の対応が必要とのメッセージを発信しておくことが大切です。日頃から職場で気軽に家族のことを話せる雰囲気を作っておくことや、実際に介護に直面した後は、介護休業等の両立支援制度を利用する必要がないとしても、上司や人事と話し合う機会を持ってもらいたいですね。

　ケアマネジャーにもいろいろ相談すればちゃんと対応してくれるので、頼ることが大事です。親のことしか話してはいけないと思わず、自分がどのように働きたいのか、両立する上で何が不安なのか、率直に話していただきたいです。今は、まだ要介護度が低いので両立できているけれど、この先要介護度が高くなったらどうなるのだろう、と不安になってしまう人も多くいます。実際には、要介護度が高くなれば介護サービスの利用の仕方を変えることで、働き方をそれほど大きく変えずに両立できる可能性があるということも、ケアマネジャーに相談すれば見えてきます。また、これは、ケアマネジャーの方からのアドバイスですが、自分が直接介護に関わっていないときでも、たとえば自分のお母さんが主たる介護者としてお父さんの介護をしているような段階から、ケアマネジャーと会って、どんな人がケアマネジャーをしているのか、どのような方針でケアプランが立てられているのか知っておくとよいです。突然、自分が主たる介護者になったときに、すぐにケアマネジャーと連携できます。このように、ケアマネジャーは介護体制の要になる大切な存在なので、本文にも書いてありますが、とにかく信頼できる人を選ぶことが大前提です。そういうことを早くから知っておいていただくことが大事かなと思います。

佐藤　育児・介護休業法改正の前後から、企業の社員に対する仕事と介護の両立支援への関心が高まっていますが、ケアマネジャーの皆さんの仕事と介護の両立支援への関心も高くなっています。ケアマネジャーというのは、要介護者の状態に応じて、要介護者が質の高い生活を送れるように必要なケアプランを作るのが仕事です。そういう意味では極端にいうと、家族の状況は基本的に考えなくてもよいわけです。しかし、そのケアプランのあり方が、要介護者の家族が今までの働き方が続けられるかどうかということを左右することもあります。そのため、要介護者の家族が希望する働き方を続けることができるようなケアプランを作ることが大事だということが、ケアマネジャーにも浸透しつつあるように思います。厚労省の委託事業による仕事と介護両立支援のセミナーに参加されるケアマネジャーも増えています。

矢島　以前はセミナーなどへの参加を呼び掛けても、どうして参加しなければならないのかといった反応がありましたが、最近では、仕事と介護の両立という視点からもケアマネジャーの役割の重要性が認識されるようになり、セミナーなどにも参加してくれるケアマネジャーや地域包括支援センターの職員の方も増えてきました。やはり仕事と介護の両立というのは、介護サービスを提供する地域のサポートと、働き方を調整する企業の管理職や人事のサポートの両方があって成り立つものですから、関心を持ってくれるケアマネジャーが増えてきたというのは大きいと思います。

ケアマネジャーにとっては、要介護者の支援というのが第一ですが、経験豊富なケアマネジャーの方は、家族が倒れてしまうと、要介護者の在宅生活の継続が困難になるので、家族の仕事の状況などもよく聞き取ってケアプランを作成するということを自主的に行っていたと思います。最近では、こういったケアマネジャーの役割の重要性を国でも介護業界内でも、広めようとしてきているので、両立支援に理解のあるケアマネジャーが着実に増えてきていると思います。一方で、ケアマネジャーは、職場でどのような働き方の選択肢があるのか、どの程度働き方の融通が利くのかといったことはよく知りません。企業の人事担当者も、介護とはどのようなものなのか、介護保険制度では要介護度に応じてどの程度サービスが利用できるのかといったことを知りません。ケアマネジャーと企業の人事担当者が対話するセミナーを実施すると、双方に多くの気づきがありますし、家族介護者と要介護者双方への様々な配慮の視点が共有されます。そのような機会がこれからますます増えていくことが期待されます。

佐藤　社員が介護に直面したとき、社員と上司と人事がよく話し合ってどういう働き方をしたらよいのかということを議論する中で、どういうケアプランのもとでどういう働き方が可能かということをそれぞれが理解し合うことが大切だと私も考えます。企業は直接要介護者やケアマネジャーと話し合えないので、社員本人が人事や上司などに情報をちゃんと伝えて、会社の要望とすり合わせていくことが必要になってきます。それがうまくいくように、先ほどご紹介された厚労省のツールも活用してほしいということですね。

5 両立の質にも留意を

矢島　介護の状況は人それぞれなので、どこまで柔軟に支援すればよいのか分からないとおっしゃる人事担当の方もいますが、正社員なのに長期にわたり週2日や3日しか働けないということになると、職場での自分の立場や役割に不安を持つようになり、働き続ける意欲もダウンする可能性が高まるので、できるだけフルタイムに近い働き方をすることが、会社や本人にとってもよいことだと思います。短時間や短日勤務にするとしても、現在、子育てで選択されている週30時間程度を下回らない水準で考えた方がよいとアドバイスするようにしています。もちろん、親と過ごす時間を増やしたいために、より短い勤務時間での非正社員になるという選択もあり得ますが、経済的に厳しくなり、介護サービスの利用を躊躇して自身で介護を抱え込むことで肉体的負担も増したり、正社員よりも却って時間の融通が利かなかったりということもあり得るので、注意が必要です。

以前実施した調査結果から、ただ単に働きながら介護していれば「両立できている」のではなく、本人が担いたいと思う「介護における役割」と、「仕事上の役割」の両者をある程度果たせていることが必要だ、ということが分かっています。時間だけの問題ではなく、介護のために働く時間に制約ができても、正社員として、これまでとあまり変わらない役割を果たせるよう仕事を与えられることも大切です。

たとえば、管理職層の研修で、介護に直面した場合の課題について話し合うと、残業ができない状況でクライアント対応がしっかりできるか、あるいは出張や転勤ができないことが仕事役割や評価に響いてくるのでは、といった視点も出てきます。これはよいことだと思います。なぜならこれまで子育て中の女性について、管理職の人が両立支援を考えるときには、ただ働き続けられればよいといった考え方が強くありました。しかし、介護について当事者目線で考えると、働き方に制約があっても、仕事上の役割が果たせたり、キャリアの見通しがきくことが重要だということが管理職の人たちに実感されてきています。介護の問題が、職場で話し合われることで、仕事と子育ての両立のあり方や女性のキャリアについても見直されるきっかけになると思います。

6 介護を体験する前の社員の意識はまだ低い

佐藤　おっしゃるように企業だけでなく社員などの仕事と介護の両立に関する関心が高くなってきましたが、40歳以上、50歳以上の人の中には、介護保険料が給与から毎月天引きされていることを知らない人もいて、まだまだだと思うこともあります。保険料を払っていることも知らないのですから、当然介護保険制度に関しても知るはずがありません。さらに介護保険証について聞いてみると、親が認定を受けている人を除くと、65歳以上の親御さんがいても親の手元に介護保険証が届いていることを知っている人は極めて少ないです。これは介護保険について社員が知るきっかけがないという制度上の問題があるのかもしれませんが。

矢島　保険料を払い始めるときになんらかの情報提供があればよいのかもしれません。自分が保険料を払い始める年代になれば、親が介護保険証を受け取ったり、自分が親の介護のために介護保険サービスを使う可能性が出てくる年代だということを気づいてもらうきっかけになればと思います。地域包括支援センターは、親が要介護になる前の介護予防の段階からサポートしてくれますから、早い段階でちょっと相談や情報収集に行くといったことができていれば、予防はもちろん介護に直面したときも比較的あわてないで行動を起こせるのではないでしょうか。

佐藤　同じように企業も、社員の親御さんに介護保険証が届いた時期を、社員への情報提供にうまく利用できないものでしょうか。社員の親御さんに介護保険証が来たときに、元気なうちに将来どうするのか、社員が親御さんとコミュニケーションをとることが大切だと考えています。

7 罪悪感なく両立を続けるために「働き方改革」が必要

佐藤　そこでもう一つ、2025年には団塊世代がすべて75歳以上になりますが、その頃には団塊ジュニア層が親の介護の課題に直面することになります。つまり、今後、仕事と介護の両立支援がますます重要となります。その中で大切なのは「働き方改革」ではないかと思います。働き方改革は、単に時間外労働削減だけではありません。もちろん過度な残業は解消しなければなりませんが、介護という課題を抱えながらも、社員が普通に仕事と介護とを両立して働けるような仕事の仕方が、職場風土なども含めてマネジメントされることが大切だと思います。これが働き方改革です。

矢島　そうですね。前にお話ししたように、介護で月に1日程度休むとか、残業免除や在宅勤務など柔軟な働き方をしている人の中には罪悪感を持っている人も少なくないようです。実際に、休みを取ることが許されている職場なのだから働き続けられるのではと思うのですが、周りの人が長時間働いていたり、休みが取れない状況であったりするとやはり罪悪感を持ってしまいます。その結果このまま働いていてよいのかという不安が頭をよぎり、離職につながることもあるようです。

子育てや介護のために時間制約のある人だけでなく、やはり、周りの人もみな長時間労働でなく、必要なときに休みが取れる職場環境であることが必要ですね。また、柔軟な働き方を選んでも、仕事内容できちんと評価されるという安心感も必要でしょう。

佐藤　そういう意味では、仕事と介護の両立は制度だけでなく、これまでやってきた多様な人材が活躍できる働き方改革を進めることの必要性を管理職の方にも理解してもらわなければなりませんね。

[8] 介護への意識を変えていく必要がある

佐藤　最近、ある産業別組合の研究所が大規模な組合員意識調査を実施し、その中で今後5年の間に親の介護に直面する可能性があると答えた社員だけ取り上げて、「もし介護に直面したら、仕事を続けられますか」と聞いています。調査を分析してみると、続けられると答えた人には2つの特徴があり、一つは、会社や組合から仕事と介護の両立に関して情報提供を受けて心構えができている人でした。つまり、介護保険制度や会社の両立支援制度についてある程度基本知識がある人たちです。もう一つは働き方で、日頃から両立できるような働き方があるかどうか、また、相談できる職場風土が構築されているかどうかということでした。ただ、いろんな状況を考慮しても、男性に比べて女性の方が辞めざるを得ないと思っている人が多いということが分かりました。これは女性が介護の担い手であるという風潮が社会的にまだまだ強いということであり、ここを変えていく必要がありますね。

矢島　別の調査でも、きょうだいの中で、長子が介護を担うのではなく、姉でも妹でも女性が介護を担うという役割分担意識が根強いことが分かっています。また、日本の家族関係の中では、なぜか身内の中の一人に介護をすべて負わせてしまうという傾向もあるようです。しかし、誰か一人に負わせて、その人が介護に専念することをやめて、親族の中で協力し合って支えるようにすべきです。最近は、非正規雇用の孫に担わせるというような問題も起こってきています。

佐藤　ここで一つ問題なのは、社員自身が直接的な介護を担っていないと「何もしていない」という誤解があることです。要介護者の家族である社員は、精神的なサポートは当然やらなければいけないし、また、親が必要とする介護サービスの利用に関する判断もしなければなりません。専門家のサービスを使うと同時に社員が担うことがたくさんあるわけですから、全部外部に任せていると思っている人はその意識を変えていく必要があります。

矢島　介護の情報を集めたり、親族や介護事業者と話し合ったり、判断を行ったりするためにも時間は必要です。そのあたりのところを会社も理解していただきたいと思います。また、介護を「他人に任せる」という意識ではなく「プロに任せる」、親のためによい介護環境を整えることも子の役割として重要だというように発想を変えていくことも大切なのではないでしょうか。

もう一つ深刻なのは、認知症の問題です。最近は病気やケガで要介護になるというよりは治療やリハビリの技術が進んでいることもあって、身体は元気なまま先に認知症になってしまうという方も増え、見守りが心配だという声があります。ただ、認知症になったからといって、いきなり自分のことが何もできなくなるわけではありません。もちろん、火の始末や安否確認など安全を守るための環境の整備は必要でしょうが、認知症を過度に恐れないということも大切だと思います。買い忘れや同じものを買ってしまうことが増えた、たまに迷子になってしまう、といったことに対応しようと、会社を辞めるというのは危険な選択です。仕事に就いていなくても、一人で付きっ切りで見守るというのは困難です。今でも見守り支援のツールがたくさん出ていますが、今後さらに進化していくと思いますし、認知症対応のデイサービスもあります。一人で抱え込まず、サービスやITツールを活用し、親族で協力し、そして、ご近所の助けを借りることが必要です。

地域には自治会や防災会などの組織もあります。そういう活動に日頃から参加して、地域のつながりを持っておき、いざというときにSOSを発信できるようにすることが大切です。40代、50代の現役会社員の皆さんが、地域の活動にもっと熱心に参加するようになれば、地域の支え合いの力はもっと強くなります。企業には、子育てや介護だけでなく、こうした地域活動への参加も支援してほしいと思います。

9 経済的不安への正しい理解も必要

佐藤　最後に、介護における経済的な不安ということに少し触れておきます。不安の元となっている一つは、新聞広告などで目にする有料老人ホームの入居費用で、一時金も毎月の支払いも高額なイメージが不安をあおるのだと思います。2つ目は自分でお金を出さなければいけないと思ってしまっていることです。しかし、介護に要する費用は、基本的には年金をもらっている親が負担し、子どもは、介護のマネジメントを担うわけです。この点の理解が希薄です。

3つ目は介護保険の自己負担比率を健康保険と同じで3割だと思っている人が多く、そのことが漠然とした経済的不安につながっています。今後上がる可能性もありますが、現状は1割（親の所得によっては上限2割、今後は所得により3割も）です。経済的な不安については、現状を正しく理解することで払しょくすることができます。

矢島　そうですね。お金のかけ方もいろいろな選択肢があります。介護保険以外のサービスを利用するという選択もあります。家族の中でも、お金の問題は、話しにくいテーマだと思いますが、いざ介護が必要になったときに親御さんがどんな生活を望むのか、といった希望を聞く中で、お金のことも共通のイメージを持てるよう話し合えるといいですね。
「介護」は、体験していない人には実態が見えないことで、過度に恐れられていることが多いと思います。誰もが直面する問題なので、身近なテーマとして、多くの人に正しい情報を持っていただくことが大切だと思いますし、企業には、社員が介護について考えるきっかけを作っていただきたいですね。

注　＊に関する資料は、厚生労働省の以下のサイトを参照されたい。
http://www.mhlw.go.jp/stf/seisakunitsuite/bunya/koyou_roudou/koyoukintou/ryouritsu/model.html

Ⅰ章

なぜ企業に仕事と介護の両立支援が求められるのか

Ⅰ章　なぜ企業に仕事と介護の両立支援が求められるのか

1 仕事と介護の両立支援が重要に

近年、企業として、介護の課題に直面しても社員が仕事と介護の両立が可能となるよう支援する重要性が高まっている。その理由として下記を挙げることができる。

第一に、従来も介護の課題に直面する社員がみられたが、今後は企業が雇用する社員の中で介護の課題に直面する社員の人数と比率が高まることが確実視されていることによる。それは、団塊の世代が、２０２５年を過ぎると70歳代後半層となり、要支援・要介護の状態となる者の比率が高まり、その結果として団塊の世代の子どもの世代、つまり団塊ジュニア層が、親の介護の課題に直面することによる。現在、企業の社員の年齢構成を見

図表1　65歳以上の高齢者に占める要支援・要介護の比率

	要支援	要介護
65歳以上75歳未満	216	475
	1.4%	3.0%
75歳以上	1,293	3,506
	8.5%	23.0%

上段：要支援、要介護認定者数（単位：千人）
下段：第1号被保険者に占める要支援、要介護認定者の割合

（出所）厚生労働省「介護保険事業報告（月報）」（平成25年4月末）

ると、団塊ジュニア層の比重が大きいため、社員の中で介護の課題に直面する社員の割合が高まることになる。70歳代後半以降になると要支援・要介護となる者が増えることは、**図表1**で確認できる。企業の側からすると、社員の親の年齢がわかれば社員が介護の課題に直面する可能性を推測できることにもなる。

第二に、企業として、社員の雇用機会を少なくとも65歳までは確保することが法律上も求められたため、今後は介護の課題を抱える社員を多く社内に抱えることになっていくだろう（根拠法：高年齢者雇用安定法）。もちろん社員にとって介護の課題は、企業との雇用関係の有無にかかわらず生ずるものである。しかし、企業による社員に対する両立支援は、基本的に社員を雇用している期間に限定されることによる。**図表2**で、雇用者の中で介護の課題がある者の割合を男女年齢階層別に見ると、男性は55歳から64歳で、女性は50歳から

図表２　年齢階層別にみた介護の課題を抱えている雇用者の比率

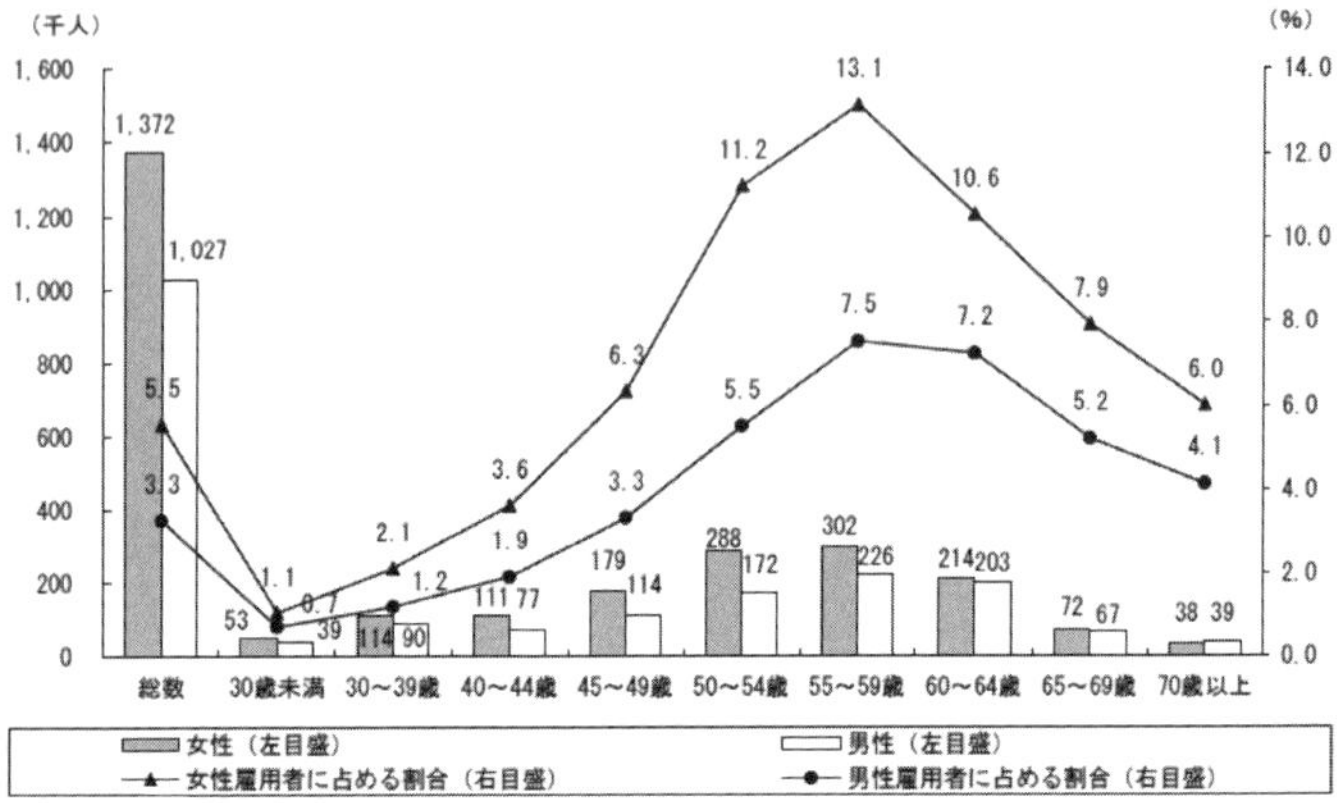

（出所）総務省「就業構造基本調査」（平成24年）
注１：会社などの役員含む。
注２：雇用者総数に占める割合 ＝ $\frac{\text{「介護をしている雇用者」}}{\text{「介護をしている雇用者」＋「介護をしていない雇用者」}}$

59歳で他の年齢層に比べて多いことがわかる。

第三に、介護の課題に直面する社員が増加するだけでなく、従来よりも介護負荷が高く、介護の課題に直面する期間が長くなる社員が多くなることがある。団塊の世代と比較すると、団塊の世代のジュニア層は、兄弟数が少なく、単身者が多いことや既婚者では夫婦ともに就業している共働き世帯の割合が従来よりも多いことによる。さらに親の世代の寿命の伸長の結果、社員が介護の課題に直面する時点の年齢が高くなることも関係する。高齢期の社員による老親介護である。こうした傾向は、今後ますます強まると考えられる。介護負荷が高く、介護に直面する期間が長くなる可能性が高い事例を取り上げると、夫婦共働きでかつそれぞれが一人っ子で、両者の親4人の介護に直面することになる社員や、未婚で一人っ子の社員が、親2人の介護の課題に対応する社員などを挙げることができる。

以上のように、今後ますます社員の中で介護の課題に直面する人数や割合が増加するだけでなく、社員一人ひとりの介護負荷も高くなることが確実視されている。

2 増大する介護の課題で離職する就業者

社員が、介護の課題に直面し、仕事と介護の両立に困難を感じると、仕事に意欲的に取り組むことができなくなったり、最悪の場合は離職を余儀なくされたりすることが知られている。

総務省統計局「就業構造基本調査」（2012年調査）によると、2011年10月から2012年9月までの1年間に介護や看護を理由に離職あるいは転職した者は10万人を超えている。こうした離職者あるいは転職者の年齢構成は、男性では60歳代が41・7％と多

図表３　介護および看護を理由に離職した者のうち就業希望者の割合

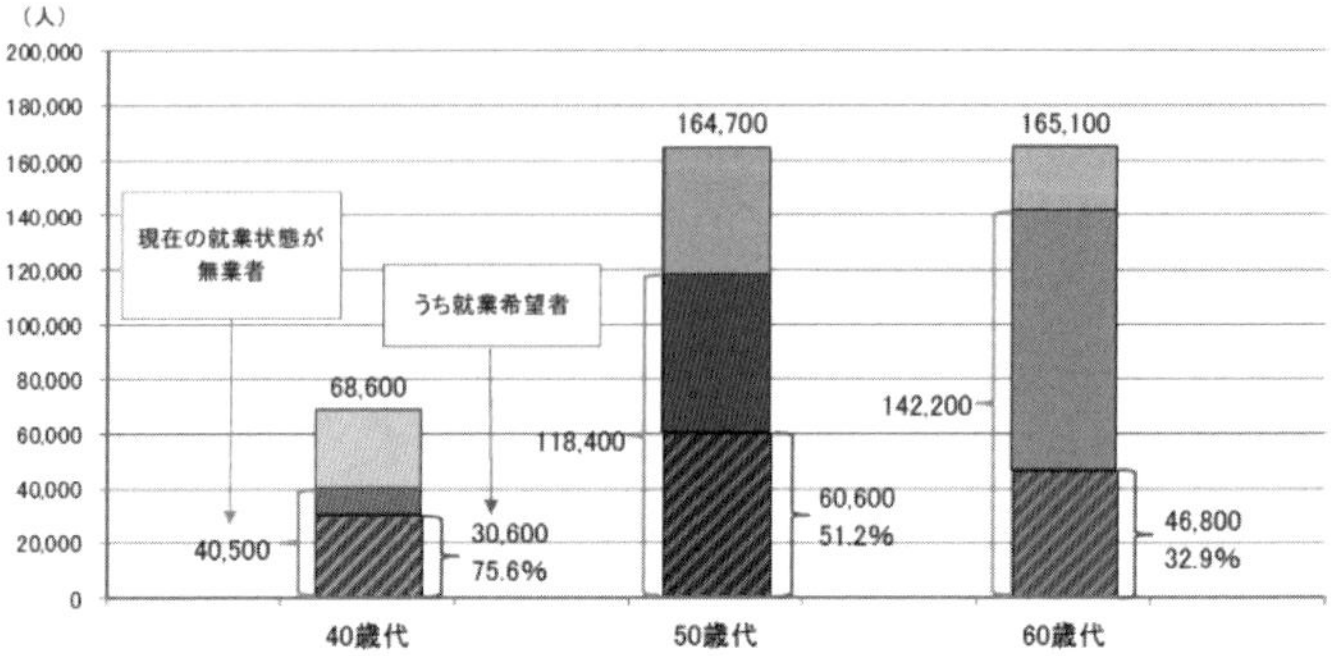

（出所）総務省「平成24年就業構造基本調査」より作成
注：2007年10月以降５年間に就職をやめた転職就業者及び離職非就業者。

いが50歳代も34・2%を占め、女性では50歳代が38・4%ともっとも多くなる。介護や看護を理由に離職した者のうち、調査時点で無業者であった者を取り上げると、40歳代では8割弱が、50歳代では約5割が、60歳代では約3割が就業を希望している（**図表３**）。つまり、介護の課題に直面した際に、就業継続を希望していたにもかかわらず、仕事と介護の両立が難しいために離職した者あるいは両立が可能な働き方の職場へと転職した者が、かなりの割合を占めていると推察される。

　この点を別の調査で確認しよう。**図表４**は、介護の課題に直面して仕事を辞めた者に関して、調査時点で無業である者（離職組）と離職したが調査時点では就業している者（在職者ー

図表４　介護の課題に直面した社員が仕事を辞めた理由（複数回答）

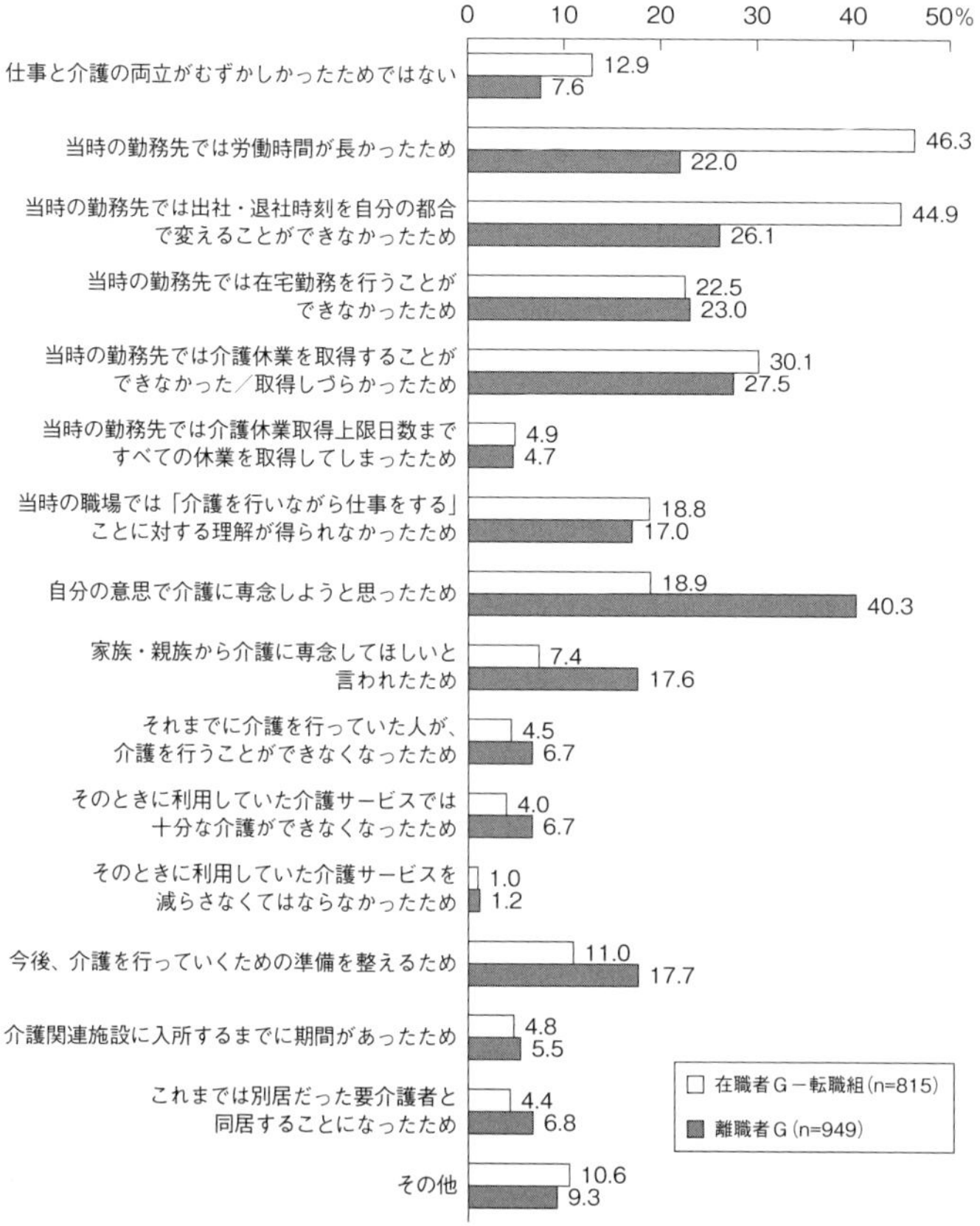

（出所）みずほ情報総研株式会社「仕事と介護の両立に関する実態把握のための調査研究」（平成21年度厚生労働省委託事業）

図表5　介護の課題に直面して仕事を辞めた者の勤務先での勤務継続志向

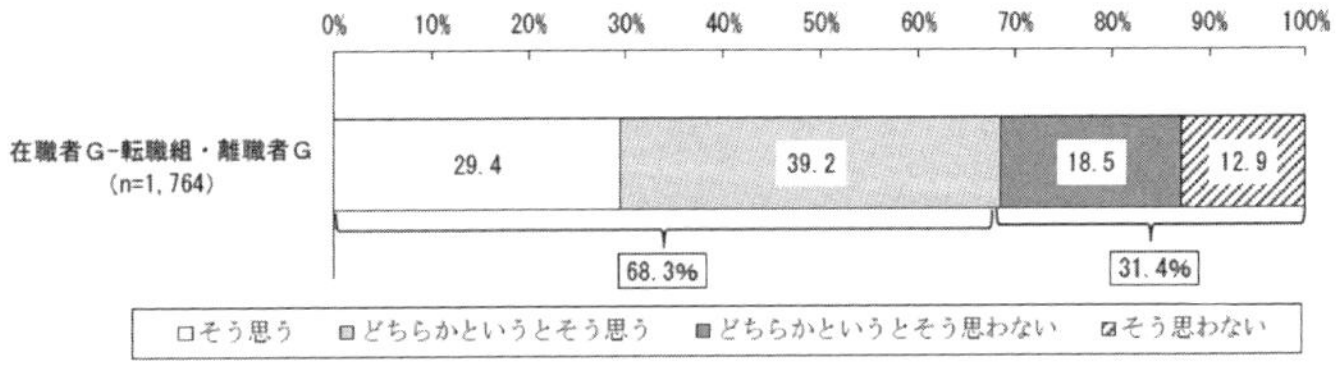

（出所）みずほ情報総研株式会社「仕事と介護の両立に関する実態把握のための調査研究」（平成21年度厚生労働省委託事業）

転職組）に分けて、勤務先を辞めたきっかけを尋ねた結果である。なお後者の在職者－転職組には、離職して比較的すぐに仕事と介護の両立が可能な職場に転職した者と介護の課題が一段落してから新しい職場に転職した者の2類型が含まれている。そのため在職者－転職組では、「自分の意思で介護に専念しよう」として離職した者は2割弱と少なくなり、他方、離職組ではそれよりも多く4割となる。しかし、離職組でも「自分の意思で介護に専念しよう」として離職した者が半数を下回ることから、今後の就業希望があると考えられる。つまり両者の中に、仕事と介護の両立が可能であれば、以前の勤務先に就業継続を希望していた者、とりわけ在職者－転職組ではその割合が高いと考えられる。ちなみに、離職組と在職者－転職組を合わせて、以前の勤務先への就業継続の希望があった者の比率は、7割程度にもなる（**図表5**）。言いかえれば、就業継続を希望しながら不本意で離職した者が多いことになる。

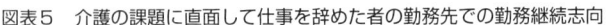

離職組と在職者－転職組を比較すると、とりわけ在職者－転職組の中には、仕事と介護の両立が可能な勤務先であれば、就業継続を選択した者が多いと考えられる。そこで、在職者－転職組を取り上げて、仕事と介護を両立して就業の継続が難しかった理由（複数回答）を調べてみよう。前掲**図表4**によると、「勤務先では労働時間が長かったため」（46・3％）と「出社・退社時刻を自分の都合で変えることができなかった」（44・9％）が二大理由で、これに「介護休業を取得することができなかった／取得しづらかった」（30・1％）が続いている。つまり、ワーク・ライフ・バランスの実現が難しい職場であったため、介護の課題に直面した際に、仕事と介護の両立が困難となり、就業継続を希望していたにもかかわらず、離職したことが確認できる。

介護の課題に直面する可能性が高い社員は、40歳代後半から50歳代以降層で、管理職など基幹的な業務を担っている場合が多いと考えられる。そのため、こうした人材の離職は、企業にとって大きな損失となろう。また、企業にとっての損失だけでなく、離職者にとってマイナスの影響がきわめて大きい。たとえば、仕事を辞めて介護に専念することによる生活上の変化として、精神面、肉体面、経済面の負荷が増した者が多いことが明らかにされている（**図表6**）。こうした負荷が増大した背景には、離職し介護に専念することで、

図表６　介護の課題に直面して仕事を辞めた後の生活面の変化

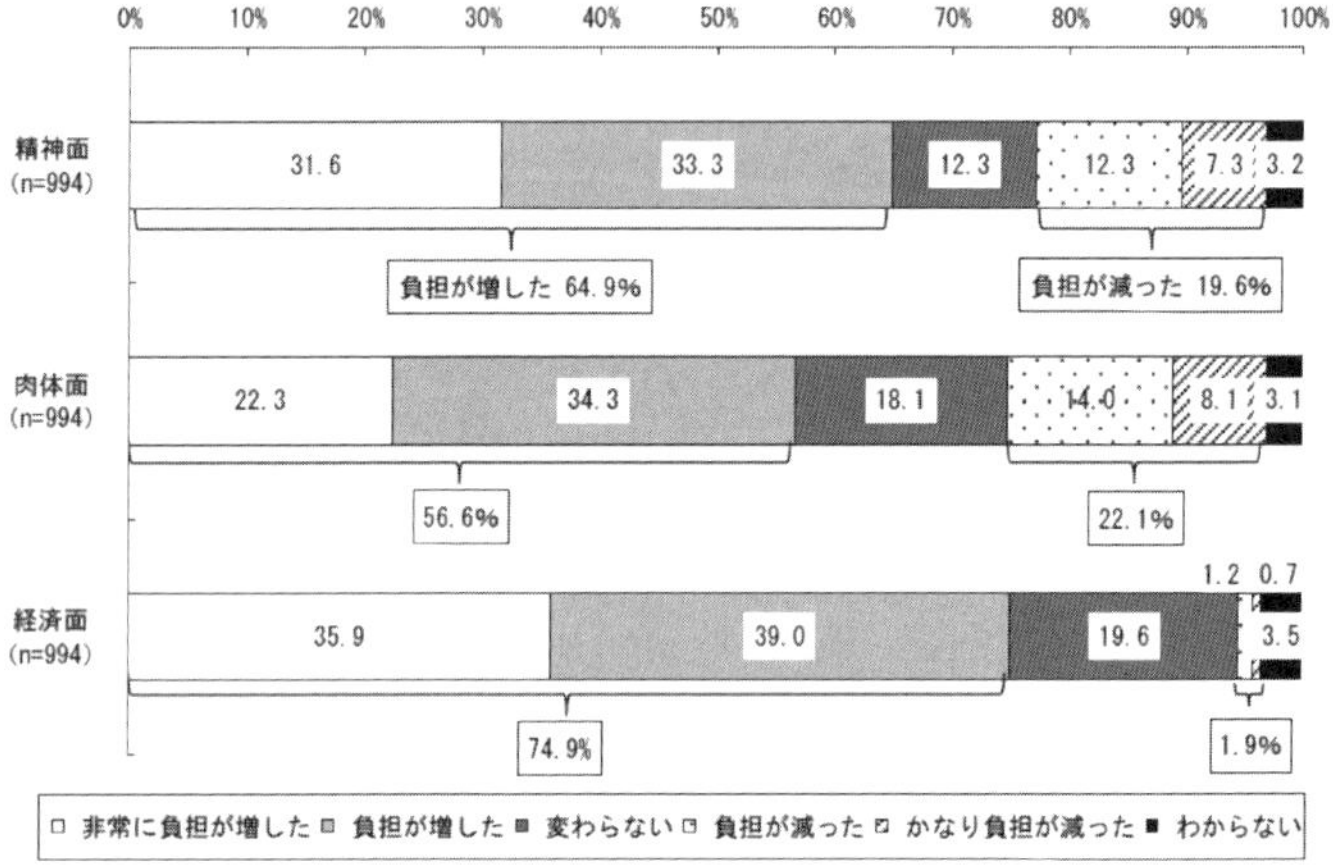

（出所）三菱UFJリサーチ＆コンサルティング「仕事と介護の両立支援に関する実態把握のための調査研究（労働者調査）」（平成24年度厚生労働省委託事業）2013年３月（※）

注：平成24年度厚生労働省委託事業として実施された。調査対象は40歳～50歳代の就労者（男性正社員1,000人、女性正社員1,000人）と40歳～50歳代の介護を機に離職者（男女あわせて1,000人）インターネットモニターによる調査で実施時期は2013年１月。有効回答数は就労者2,000件、離職者994件。

社会とのつながりが希薄になること、介護を自分自身で直接担う部分が多くなること、離職することで収入がなくなることなどがあると考えられる。さらに、短期的な負荷の増大だけでなく、中長期的にも離職した社員へのマイナスの影響は大きい。定年前に退職することで退職金の額や、離職後に無業の期間ができることで将来の年金の額が減ることになり、再就職する場合でも、中高年層の転職市場を考慮すると、これまでのキャリアを活かせる仕事や以前の収入水準を確保できる仕事に就くことが難しいことが予想される。

以上を踏まえると、社員が介護の課題に直面しても仕事と介護の両立が可能となる働き方を構築することなどが、企業の人材活用として緊急の課題になる。

3 仕事と介護の両立支援に関する企業の取組み

仕事と介護の両立支援は、企業の人材活用において緊急の取組み課題であることを指摘した。しかし、仕事と介護の両立支援に取り組むことの必要性や重要性を認識している企業はまだ少なく、その結果、仕事と介護の両立支援に取り組んでいる企業も現時点では一部に留まっている。その意味では、今すぐに仕事と介護の両立支援に取り組むことで、先行企業に追いつくことが可能である。

仕事と介護の両立支援の必要性などを企業が十分に認識していない背景には、社員が直面している介護の課題が企業内では潜在化していることがある。40歳代後半あるいは50歳代以上の社員を雇用している企業であれば、前掲**図表2**における介護の課題がある雇用者の比率を当てはめると、親が健在である社員の中の1割程度は、親の介護の課題を抱えていることになろう。しかしそうした企業においても、介護休業や介護休暇を取得する社員が少なく、また人事セクションや職場の上司などに介護の課題があることを伝えていない社員が多いことがある。つまり、介護休業や介護休暇の取得状況からは、社員の介護の課題を把握できず、社員が直面している介護の課題に人事セクションや上司が気付いていない可能性が高い。言いかえれば、介護の課題に直面した際に、会社や上司に課題を伝えずに、会社や職場の支援なしに一人で仕事と介護の両立を図ろうと努力している社員が多いのである。その結果、両立が難しくなり、仕事への意欲を低下させたり、最悪の場合は離職を余儀なくされたりすることにもなる。たとえば、**図表7**で介護に関して相談した人（複数回答）を調べると、「勤務先」を挙げた者は1割に過ぎない。他方、**図表8**によると介護の課題を抱えていることを上司や同僚に知られることに抵抗感を感じている者は3割台に留まり、それほど多いわけではない。勤務先に相談しないのは、抵抗感はないものの、そうした課題を会社や職場の上司等に伝えにくい状況があること、あるいは課題を伝えても会社や上司から支援を期待できるとは考えていないことなどが背景にあろう。

企業としては、社員の介護の課題を迅速に把握できるように、社員が介護に直面した際に、そのことを会社や上司に伝えやすい職場環境と仕事と介護の両立支援の整備が求められると言える。

図表７　介護に関して相談した人（複数回答）

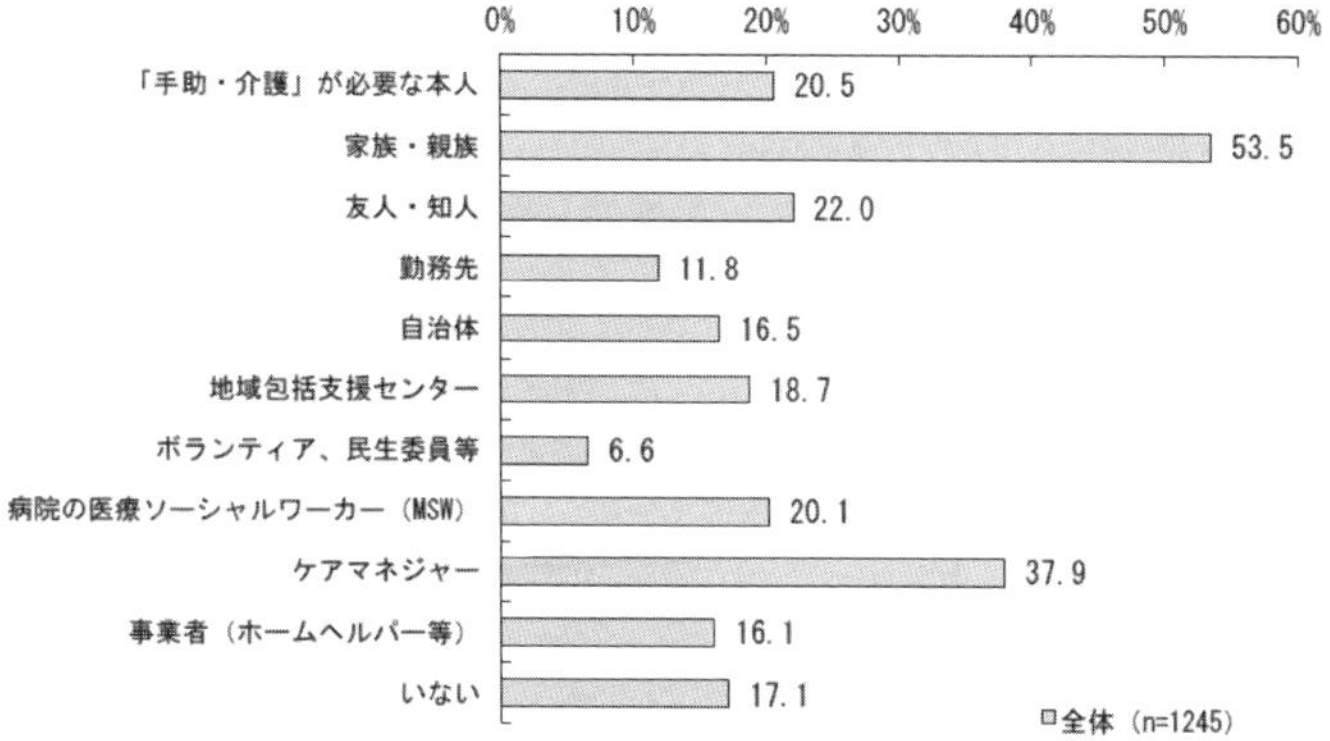

（出所）三菱UFJリサーチ＆コンサルティング「仕事と介護の両立支援に関する実態把握のための調査研究（労働者調査）」（厚生労働省委託事業）2013年３月

注：自分が介護している要介護者すべてに関わる相談。１人を介護している人も、複数を介護している人も含まれる。

図表８　介護の課題があることを上司や同僚に知られることへの抵抗感の有無

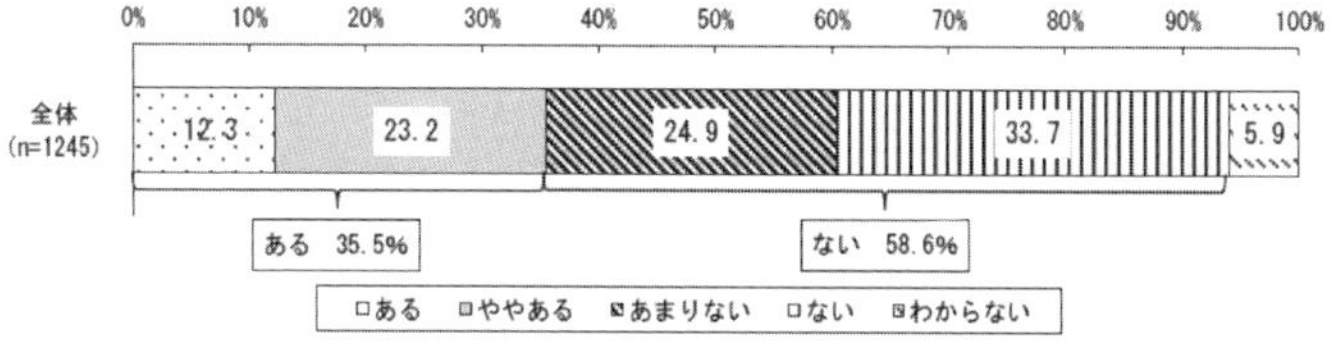

（出所）三菱UFJリサーチ＆コンサルティング「仕事と介護の両立支援に関する実態把握のための調査研究（労働者調査）」（厚生労働省委託事業）2013年３月

注：「離職者」は離職前の状況。

4 仕事と介護の両立支援は、仕事と子育ての両立支援と異なる

一部の企業は、仕事と介護の両立支援の取組みをはじめていることを指摘した。しかしそうした企業の中には、仕事と介護の両立支援を仕事と子育ての両立支援と同じように考えているものも少なくない。仕事と介護の両立支援を整備する際には、仕事と子育ての両立支援との違いに留意した取組みが求められる（図表9）。

第一に、両者では支援の対象層が異なり、仕事と介護の両立支援の対象層は、中高年層が主となる。女性も対象ではあるが現在の日本企業における社員構成からすると、中高年社員においては男性の割合が高いことから、結果として、男性の対象者が多くなる。既婚者で子どもがいる男性中高年層には、これまで仕事中心の生活をしてきており、子育ては妻に任せるなどワーク・ライフ・バランスを実現できる職場づくりを自分自身の課題と考えてこなかった者が多い。仕事と介護の両立支援のためには、こうした中高年層に対してワーク・ライフ・バランスを実現できる職場づくりが自分自身の課題であることを理解してもらうことが鍵となる。

図表9　両立支援の違い

	子育ての両立支援	介護の両立支援
対　象	20,30歳代男女が主	中高年の男女（男性が多い）
目　的	子育てに積極的に関与	社員自身が両立をマネジメントできるように支援
休業の役割	子育てを担う	両立の準備を行う
期間／時期	出産予定まで予め準備が可能	親が健在である限りいつ直面するかわからない

（出所）著者作成

第二に、仕事と子育ての両立では、男女ともに子育てに積極的に関わることができるように支援することが目的であるのに対して、仕事と介護の両立では、直接的な介護を社員が抱え込むのではなく、親などの要介護者が必要な介護サービスを利用することができ、かつ社員が仕事を継続できるように、仕事と介護の両立を社員自身がマネジメントできるように支援することが基本となる。この点の理解が不十分な企業が多いのが現状である。

第三に、第二の点からも明らかなように、育児休業と介護休業の役割は異なるものなのである。育児休業の役割は、休業を取得して社員が子育てを担うことにあるが、他方、介護休業の役割は、休業を取得して社員が直接的な介護に専念するためのものではなく、親などの要介護者が必要な介護サービスを得ることができ、かつ自分自身が仕事と介護を両立して仕事を継続できるように両立のための体制を構築するためのものである。介護に要する期間は、平均で4年から5年と言われているが、法定の介護休業期間はそれよりも大幅に短い93日である根拠はこの点にある。もし社員が介護休業を取得し、介護を直接自分で担うとすると、介護休業期間を4年から5年に延ばすことが必要となる。介護に要する期間はあくまでも平均であり、期間のばらつきが大きいだけでなく、子育てとは異なり、介護に要する期間を事前に予測することは難しい。そのため、社員本人が自分で介護を担うとすると、仕事の継続をあきらめざるを得なくなる。

第四に、介護の課題は、親が健在である社員ではそのほとんどが企業を退職する65歳までに確実に直面する課題であるが、直面する時期を事前に正確に予測することは難しい。この点が、子育ての場合の出産予定日などとは異なる。そのため、介護の課題に社員が直面する事態が生じてから、仕事と介護の両立に必要となる情報を提供したのでは遅く、介護の課題に直面する前に必要な情報を提供し、介護の課題に直面した際に社員がそれを活用し、仕事と介護の両立を図れるようにすることが企業に求められることになる。

もちろん仕事と介護の両立支援と仕事と子育ての両立支援に共通した取組み課題もある。それらは、職場の同僚の仕事以外の課題をお互い様として受け入れることができる職場風土とワーク・ライフ・バランスを実現できる職場づくりである。この点では、仕事と介護の両立が可能となる職場づくりは、仕事と子育ての両立にも貢献することになる。仕事と子育ての両立支援に関する理解が管理職から得られにくい職場では、仕事と介護の両立を前面に押し出してワーク・ライフ・バランスを実現できる職場づくりを進めることも有効となる。

5 企業に求められる仕事と介護の両立支援の基本

第Ⅱ章以後では、企業に求められる社員の仕事と介護の両立支援の内容を詳しく説明することになるが、ここではその概要を紹介しておこう（図表10）。[1]

企業としては、潜在化している社員の介護ニーズを適切に把握することが仕事と介護の両立支援の出発点となる。現状を把握した上で、介護休業などの仕事と介護の両立支援制度の見直し、社員が介護の課題に直面する前の情報提供のあり方、介護の課題に直面した社員に対する支援、さらにワーク・ライフ・バランスを実現できる職場づくりのための働き方改革などの取組みを行うことになる。こうした企業による取組みに加えて、社会的な取組みとして、介護保険制度など公的な介護支援の仕組みの整備もきわめて重要である。

図表10　企業による仕事と介護の両立支援の内容と取組み手順

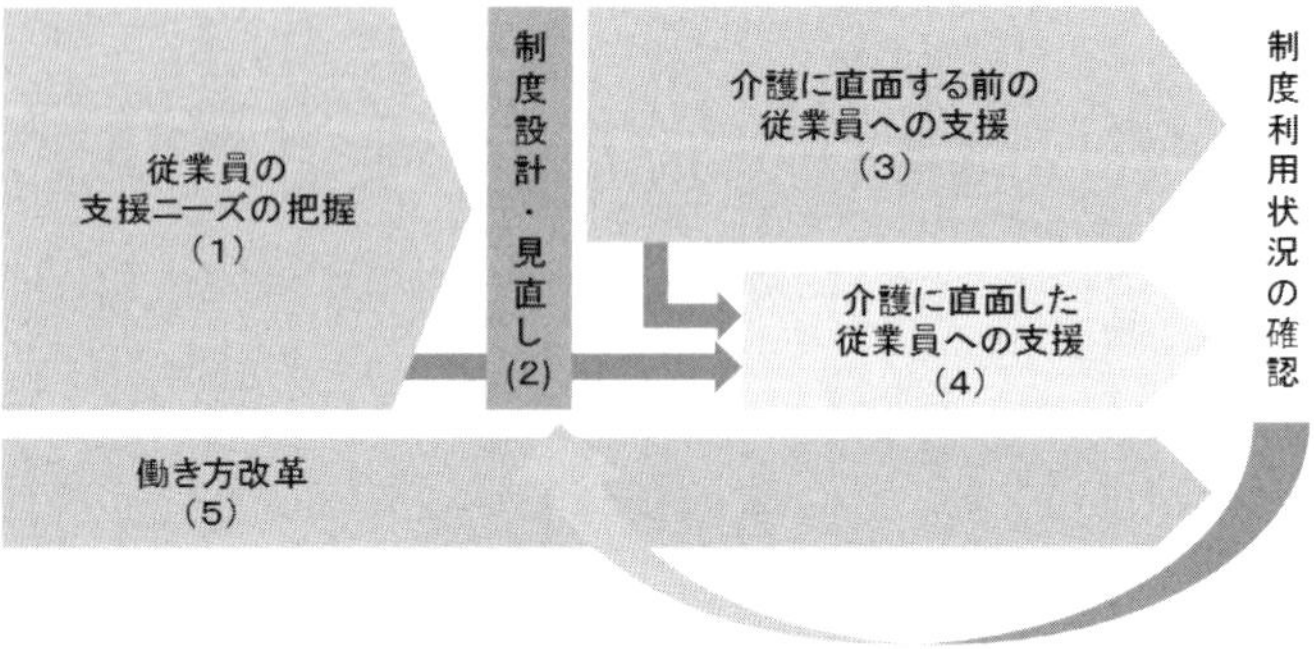

（出所）　厚生労働省「介護離職を予防するための職場環境モデル～仕事と介護を両立できる働き方の方策～」（平成25年度　仕事と介護の両立事業）2014年

とりわけ要介護者の家族がフルタイムで就業していることを前提として、介護保険制度による介護サービスのあり方を見直すことが緊急の課題となろう。

また、社員自身が介護を抱え込むことなく、親などの要介護者が必要とする専門的な介護サービスを利用できるように調整し、仕事と介護の両立をマネジメントすることが大事になる。このように説明すると、「子ども自身が親の介護を担うべき」との意見が出されることも少なくない。こうした意見に対しては、社員が自分で直接介護を担うことよりも、専門家による介護サービスの方が、要介護者の生活の質を高めることにつながるだけなく、社員の就業継続希望の実現を可能とすることを指摘したい。この理解の社会的浸透が重要となる。社員自身も仕事と介護の両立をマネジメントするためには、ケアマネジャーなどの専門家に要介護者の要望を適切に伝えて両立のアドバイスを得ることに加えて、専門家のみに依存せず、自分自身で両立のために必要な情報を収集することが求められる。

1　図表10の中で、従業員の支援ニーズの把握など5つの支援内容に関して、厚労省の委託事業が、企業が活用できる情報提供資料や従業員向けの支援マニュアルを作成している。詳しくは、下記の厚生労働省「仕事と介護の両立支援」のサイトを参照されたい。
http://www.mhlw.go.jp/stf/seisakunitsuite/bunya/koyou_roudou/koyoukintou/ryouritsu/model.html

資料1　介護保険制度の概要

保険加入者：65歳以上の第1号被保険者、40歳から64歳までの第2号被保険者

介護保険の利用条件：要支援認定または要介護認定が必要（第2号被保険者は特定疾病の場合のみ）

地域包括支援センターあるいは自治体の窓口に認定を依頼する

（訪問調査）

要介護認定：非該当、要支援（地域包括支援センターが介護予防ケアプランを作成）あるいは要介護

介護サービスの決定：在宅介護か施設介護かなど；在宅介護を選択した場合：ケアマネジャーを決め、ケアプランの作成を依頼する⇒利用できるサービスの種類:訪問介護（ヘルパーによる支援）、訪問入浴、訪問看護、デイサービス（食事、入浴等）、ショートステイ（短期間の入所）、住宅改修など

利用者負担：1割（所得に応じて2割負担）

（出所）著者作成

資料2　在宅介護の場合の介護保険サービス利用の流れ

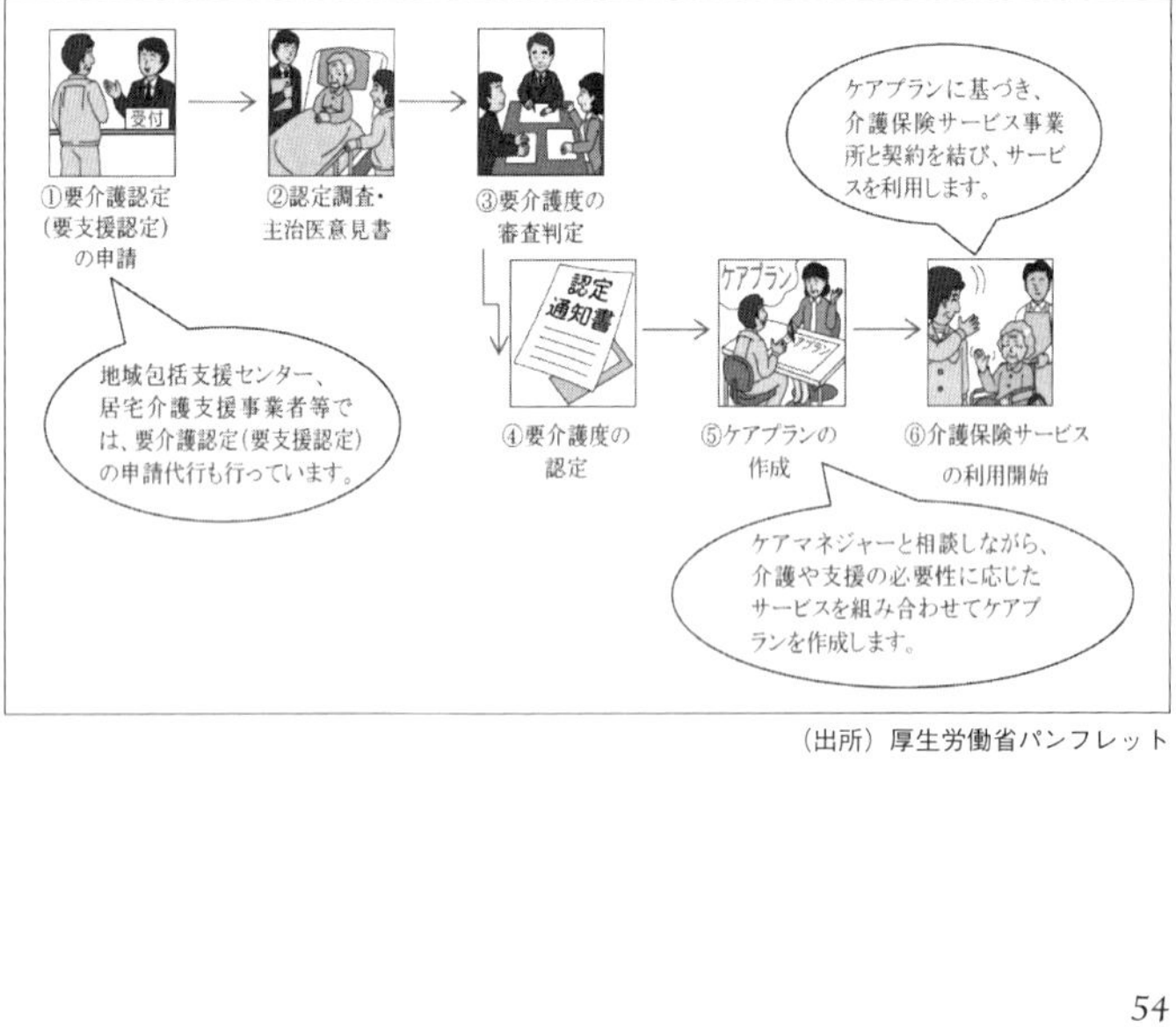

（出所）厚生労働省パンフレット

Ⅱ章

介護が必要になる前の情報提供が重要に

Ⅱ章　介護が必要になる前の情報提供が重要に

1 介護不安を抱えている人が多い

今後、介護の課題に直面する社員が増大することを指摘した。社員自身も近い将来、親などの介護の課題の直面する可能性が高いと考えている。**図表1**は、40歳以上の社員を対象として、現在の介護の課題の有無と今後5年以内に介護の課題に直面する可能性を尋ねた結果である。[2] 現在介護している社員は9・4％であり、現在介護の課題はないものの今後5年以内に課題に直面する可能性があるとした者は72・6％となった。ほとんどの社員が将来、介護に直面する可能性のあることを確認できる。この点を40歳代、50歳代、60歳代に分けて示したのが**図表2**である。60歳代になると介護の課題がなくなる者が増えるが、40歳代と50歳代では、現在介護の課題がある者と将来介護の課題に直面する可能性がある

図表１　現在介護の状況と将来の介護の可能の有無

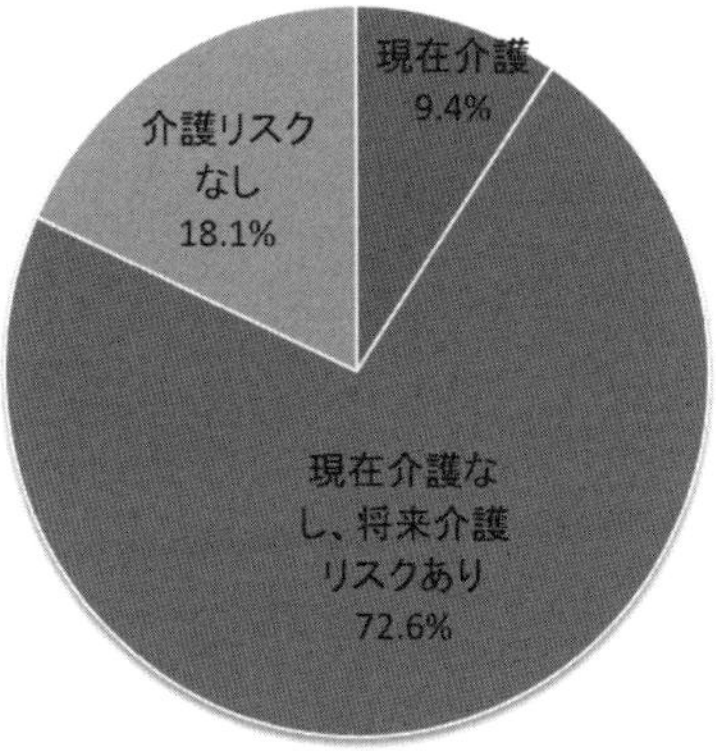

（出所）東京大学社会科学研究所ワーク・ライフ・バランス推進・研究プロジェクト「仕事継続を可能とする介護と仕事の両立支援のあり方－従業員の介護ニーズに関する調査報告書」2013年
注：無回答を除く。対象は40歳以上の社員。

図表２　年代別にみた現在の介護の状況と将来の介護の可能性

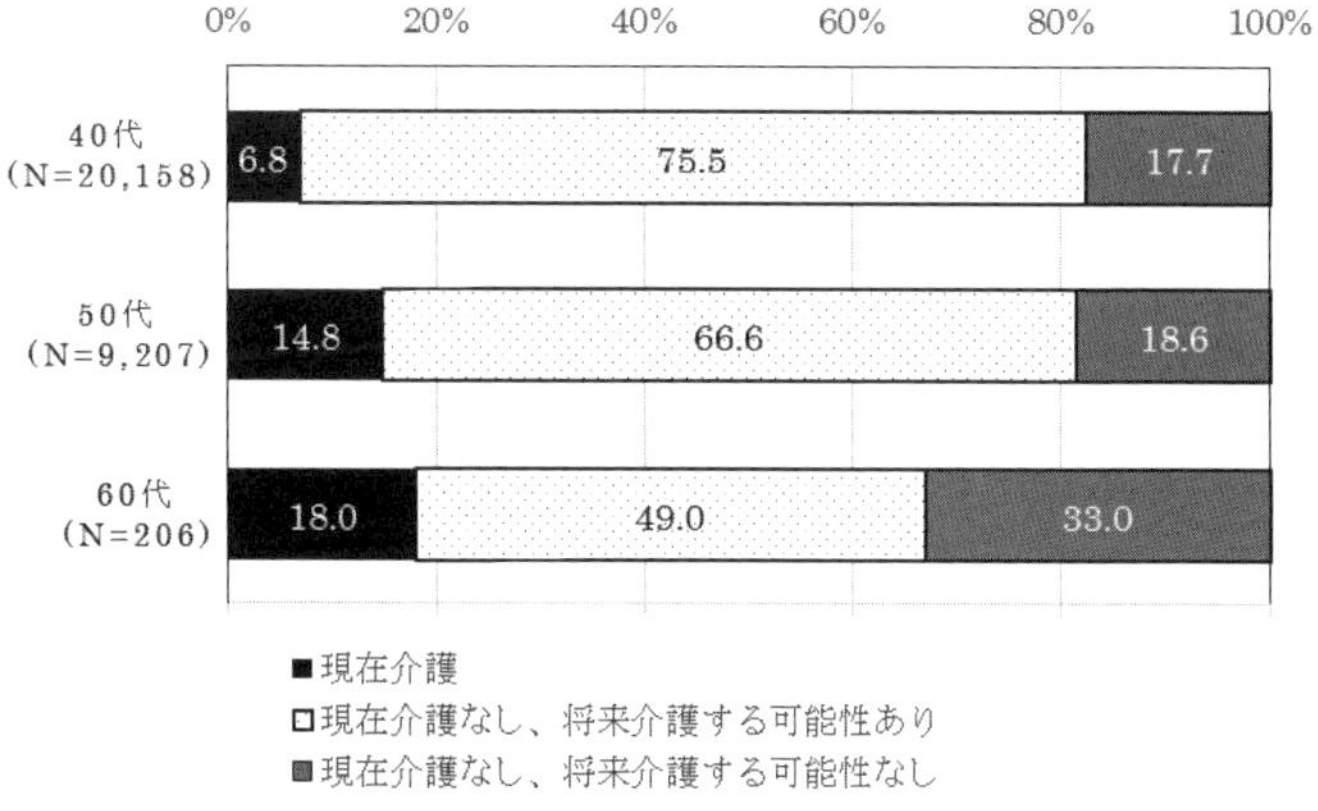

（出所）東京大学社会科学研究所ワーク・ライフ・バランス推進・研究プロジェクト「仕事継続を可能とする介護と仕事の両立支援のあり方－従業員の介護ニーズに関する調査報告書」2013年

図表3　将来直面する介護に対する不安の程度（将来介護する可能性ありの者）

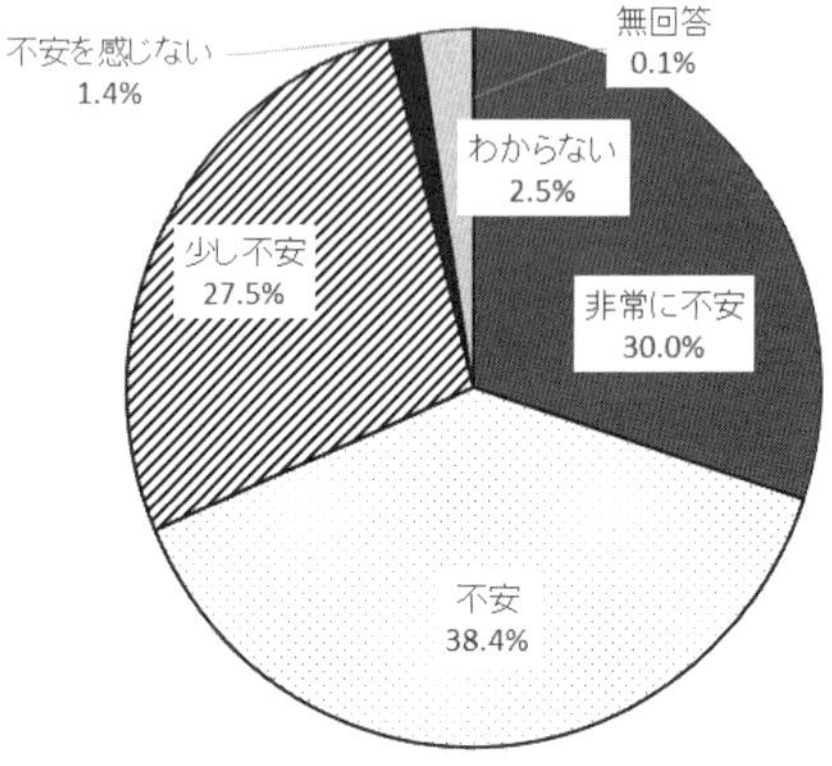

（出所）東京大学社会科学研究所ワーク・ライフ・バランス推進・研究プロジェクト「仕事継続を可能とする介護と仕事の両立支援のあり方ー従業員の介護ニーズに関する調査報告書」2013年

とした者の合計は、8割強にも達する。

将来介護の課題に直面する可能性があるとした者が多いだけでなく、社員は将来直面する可能性のある介護課題に不安を抱いている。**図表3**は、将来、介護の課題に直面する可能性があると回答した社員に、介護に関する不安の程度を尋ねた結果である。同図によると、「不安を感じない」は1・4%に過ぎず、他方で、「非常に不安」が30・0%、「不安」が38・4%、「少し不安」が27・5%となり、ほとんどの社員が介護の課題に不安を感じている。

さらに将来の介護に対する不安を少しでも感じている社員に、不安の内容を具体的に尋ねた結果が**図表4**である。不安の程度別にそ

図表４　不安の程度別、具体的な不安の内容（不安が「ある」と回答した者）

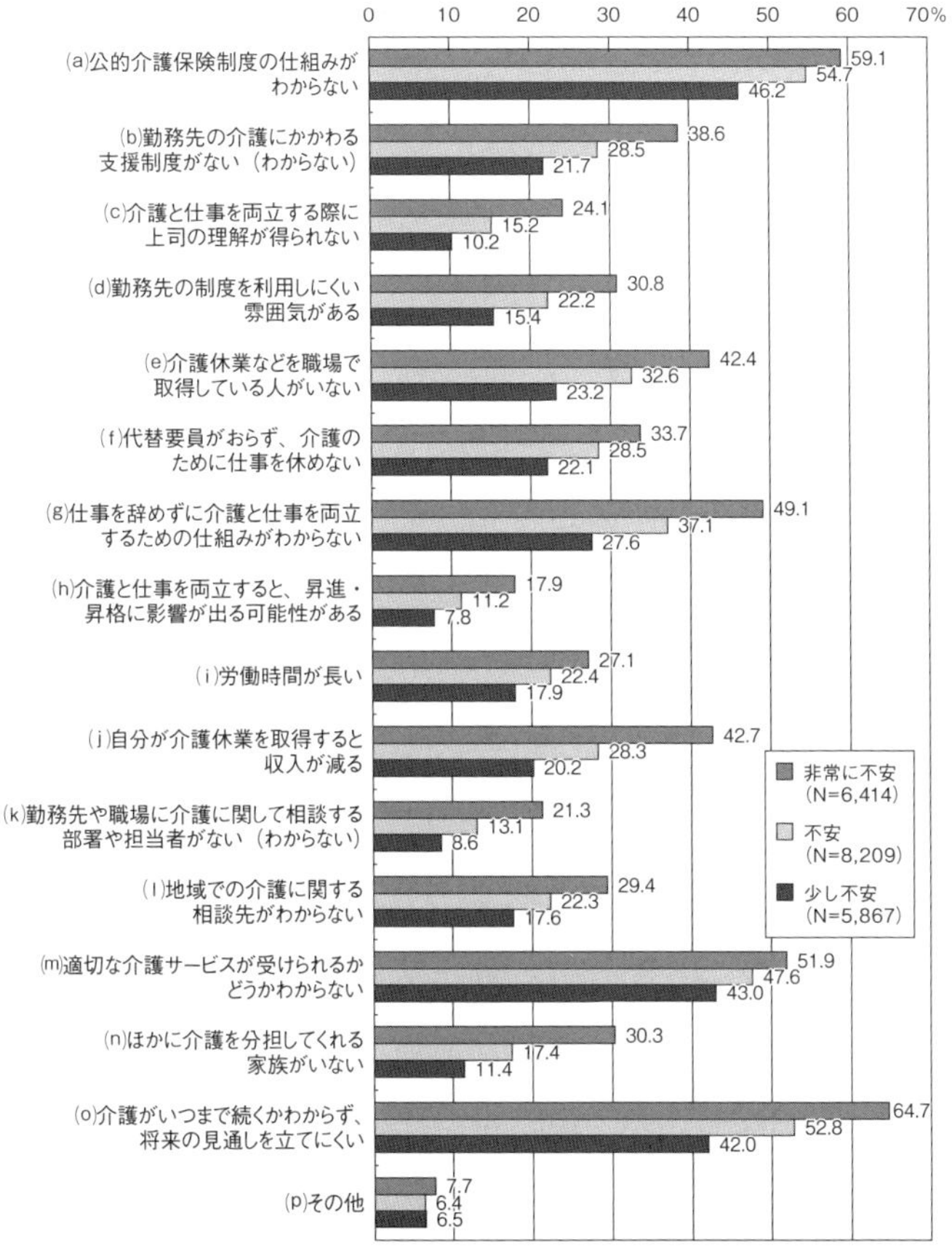

（出所）東京大学社会科学研究所ワーク・ライフ・バランス推進・研究プロジェクト「仕事継続を可能とする介護と仕事の両立支援のあり方－従業員の介護ニーズに関する調査報告書」2013年

図表５　介護不安の軽減に必要な支援

不安
→ 公的な介護支援サービスの理解促進・・・介護保険制度の仕組みについて
→ 両立の見通しを・・・仕事と介護の両立環境の整備

（出所）著者作成

の内容を見ると、「非常に不安」では、「不安」あるいは「少し不安」と回答した者に比べすべての項目で指摘率が高くなる。不安の程度にかかわらず指摘率が40％以上の項目は、「公的介護保険制度の仕組みがわからない」「適切な介護サービスが受けられるかどうかわからない」「介護がいつまで続くかわからず、将来の見通しを立てにくい」など介護の見通しや介護サービス利用に関わる不安である。

さらに、「非常に不安」とした社員で40％以上の指摘率となったのは、上記の3つに加えて、「介護休業などを職場で取得している人がいない」「仕事を辞めずに介護と仕事を両立するための仕組みがわからない」「自分が介護休業を取得すると収入が減る」など仕事と介護の両立に関する項目で多くなる。また、「勤務先の介護にかかわる支援制度がない（わからない）」も指摘率が比較的高く、勤務先に両立支援制度があってもそのことを知らないことが両立に関する不安を高めていると言えよう。

以上から、将来の介護不安を軽減するためには、公的な介護保険制度による介護支援サービスの仕組みについての正しい理解を促すとともに、特に両立に不安を感じている社員に対しては、仕事と介護の両立に関して見通しを持てるように支援することが大事になることがわかる（図表５）。

２ 介護に直面した場合の仕事と介護の両立の可能性

将来の介護に関して不安を感じている社員が多く、介護不安の背景には、介護保険制度に関する理解が十分でないことに加えて、仕事と介護の両立に関する不安があることを指摘した。そこで、両立に関する不安をより詳しく知るために、介護に直面する可能性があるとした社員について、「実際に介護をすることになった場合、現在の勤務先で仕事を続けることができると思いますか」と尋ねた結果について見よう。**図表６**によると、「続けられる」と回答した社員は28・０％に留まり、「続けられない」が28・６％、「わからない」が43・４％と多数を占めた。「わからない」と回答した社員も介護の課題に直面した際に仕事と介護の両立が可能になると明確に考えられていない点では、「続けられない」に近いと理解できよう。

さらに、介護の課題に直面した場合にも両立しながら仕事継続が可能となるとの見通し

図表６　将来介護に直面した際の現在の勤務先での仕事継続の見込み

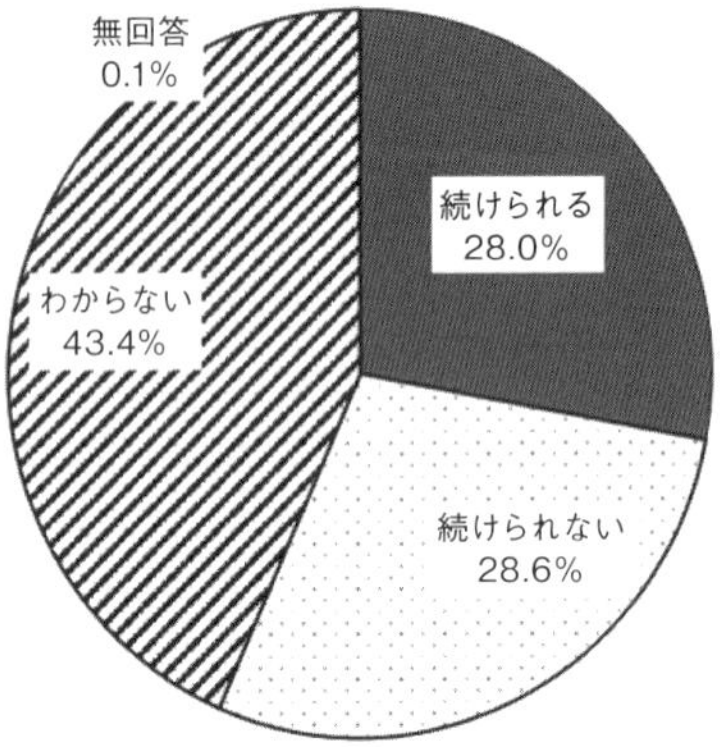

（出所）東京大学社会科学研究所ワーク・ライフ・バランス推進・研究プロジェクト「仕事継続を可能とする介護と仕事の両立支援のあり方ー従業員の介護ニーズに関する調査報告書」2013年

図表７　将来直面する介護に対する不安程度と仕事継続の見込み

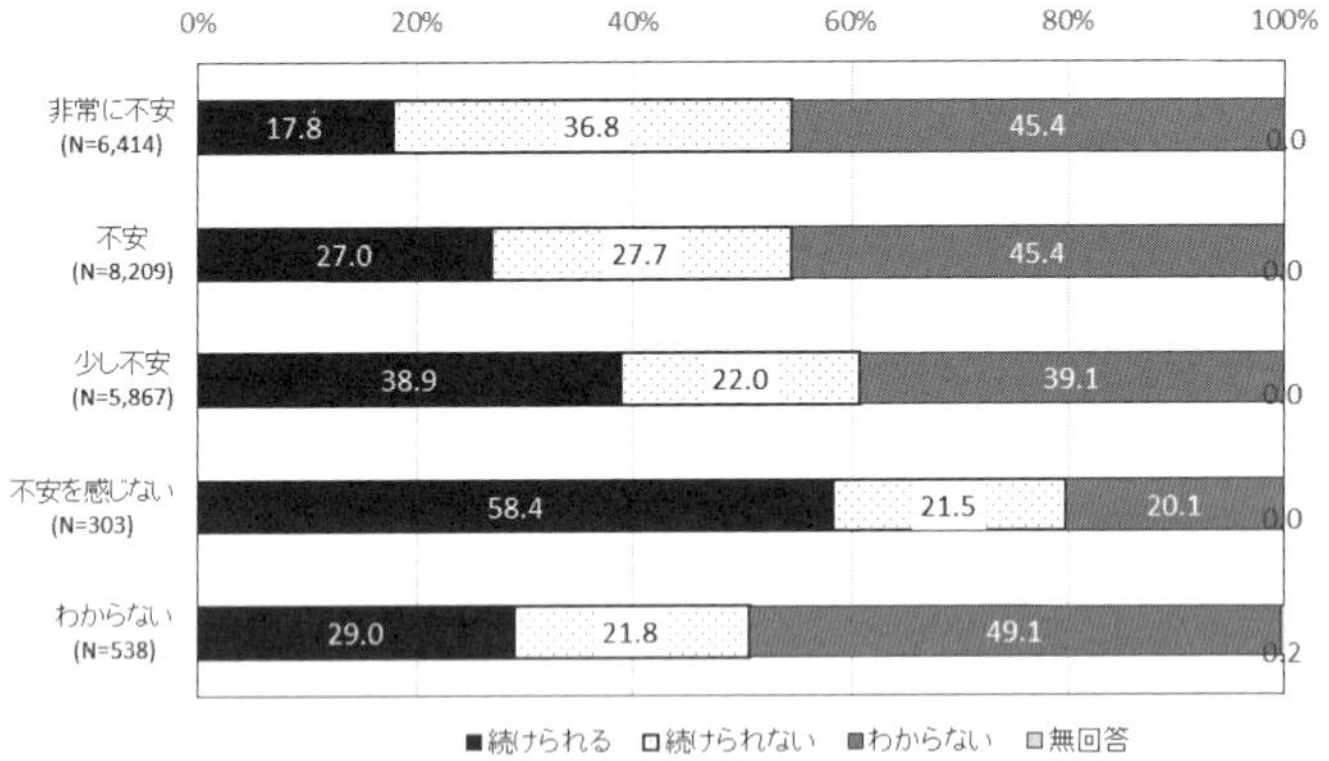

（出所）東京大学社会科学研究所ワーク・ライフ・バランス推進・研究プロジェクト「仕事継続を可能とする介護と仕事の両立支援のあり方ー従業員の介護ニーズに関する調査報告書」2013年

図表８　介護に直面した際の望ましい働き方

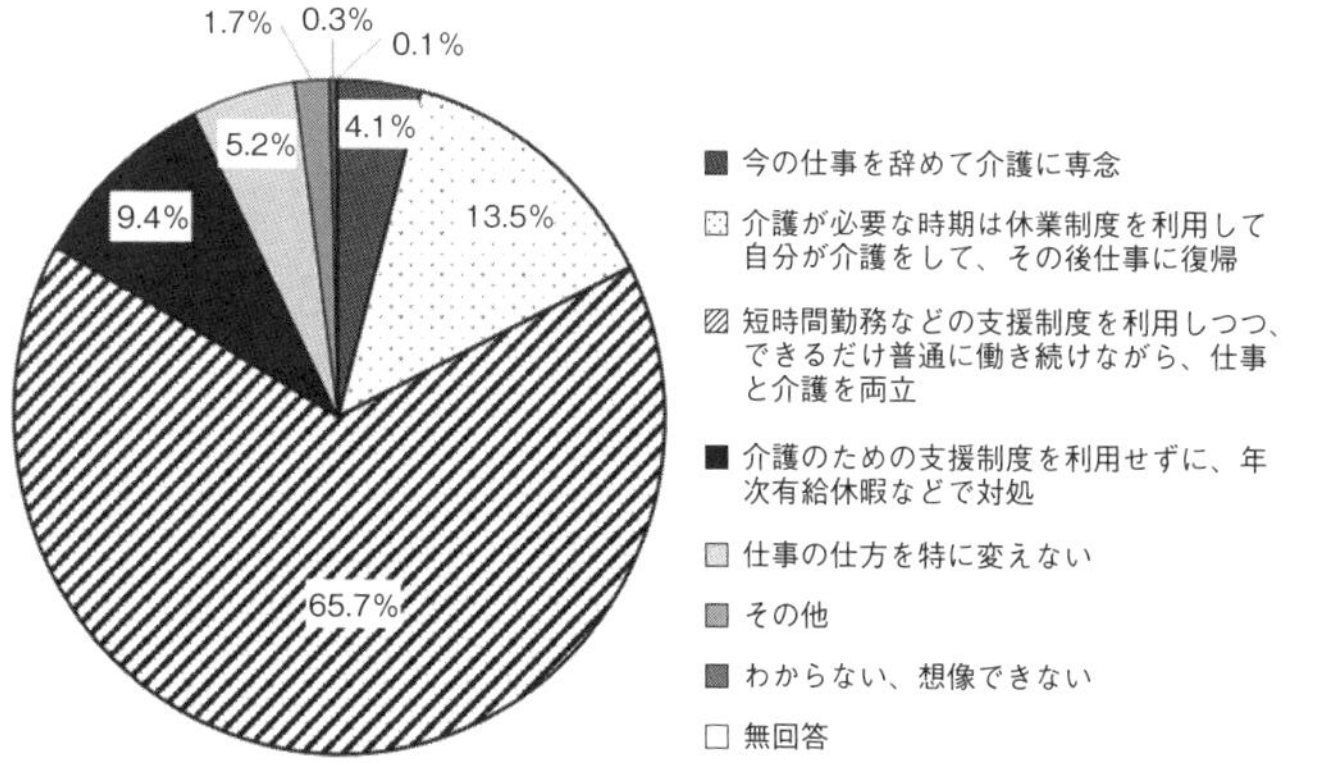

（出所）東京大学社会科学研究所ワーク・ライフ・バランス推進・研究プロジェクト「仕事継続を可能とする介護と仕事の両立支援のあり方ー従業員の介護ニーズに関する調査報告書」2013年

の有無は、介護の課題に関する不安とも密接に関係する。**図表7**で、介護不安の程度別に仕事継続の見通しをみると、介護不安の程度が高い社員ほど、「続けられない」や「わからない」が多くなり、「続けられる」が少なくなる。将来の介護の可能性がある社員に対して、介護に関する不安を軽減して、介護と仕事を両立できるとの見通しを持てるように企業として支援することが必要となる。

他方で、介護に直面した場合の望ましい働き方について尋ねた設問の回答を**図表8**でみると、「今の仕事を辞めて介護に専念する」は4・1％に過ぎず、多くが仕事の継続を望んでいることを確認できる。具体

図表９　残業の程度と有給休暇の取得程度別に見た仕事継続の見込み

（%）

	N	続けられる	続けられない	わからない	無回答
残業の程度					
恒常的に残業	12,665	26.2	31.2	42.7	0.0
週に数回は残業	6,399	31.4	24.4	44.1	0.1
おおむね定時退社	2,012	29.8	26.0	44.2	0.0
その他	221	19.0	27.2	53.9	0.0
有休休暇の取得状況					
希望通り	5,539	35.1	25.0	39.9	0.0
大体希望通り	8,142	29.0	27.4	43.6	0.0
どちらともいえない	3,739	23.6	28.5	47.8	0.1
あまり希望通りではない	2,175	22.5	32.9	44.6	0.0
希望通りではない	1,708	16.6	40.9	42.4	0.1

（出所）東京大学社会科学研究所ワーク・ライフ・バランス推進・研究プロジェクト「仕事継続を可能とする介護と仕事の両立支援のあり方－従業員の介護ニーズに関する調査報告書」2013年

的には、「介護が必要な時期は休業制度を利用して自分が介護をして、その後仕事に復帰する」は13・5％で、多くの社員は「介護休業や介護のための短時間勤務などの支援制度を利用しつつ、できるだけ普通に働き続けながら、仕事と介護を両立する」（65・7％）としている。

以上によると、多くの社員は、介護の課題に直面してもできるだけ普通に働き続けながら仕事と介護の両立を図ることを望んでいるにもかかわらず、仕事と介護を両立して仕事を継続することに確かな見通しを持てないでいる。したがって、仕事と介護を両立し仕事継続が可能となる見通しを社員が持てるように支援することが企業に求められている。そこで、社員が仕事と介護の両立が可能と考える職場の状況や支援の内容を次に取り上げよう。

図表10　勤務先に相談できる雰囲気の有無と勤務先の制度認知度別に見た仕事継続の見込み

（%）

	N	続けられる	続けられない	わからない	無回答
勤務先に相談できる雰囲気					
相談できる雰囲気がある	11,455	37.5	22.7	39.9	0.0
相談できる雰囲気がない	2,082	14.6	55.4	30.1	0.0
どちらともいえない	7,802	17.6	30.2	52.2	0.0
勤務先制度の認知度					
制度があることを知っており、内容もわかる	1,676	38.8	25.8	35.4	0.0
制度があることを知っており、内容はわからない	12,370	29.5	27.8	42.7	0.0
制度があるかどうか知らない	7,203	23.0	30.4	46.5	0.1
制度はない	81	12.4	46.9	40.7	0.0

（出所）東京大学社会科学研究所ワーク・ライフ・バランス推進・研究プロジェクト「仕事継続を可能とする介護と仕事の両立支援のあり方－従業員の介護ニーズに関する調査報告書」2013年

勤務先の職場における残業の程度および有給休暇の取得のしやすさの程度と介護に直面した際の仕事継続の見込みの関係をみたものが**図表9**である。「恒常的な残業がある」とした者は、残業の頻度が少ない者に比べて、介護の課題に直面した場合、仕事が「続けられない」とする割合が高くなる。また、有給休暇の取得程度との関係をみると、「有給休暇を希望通りに取得できる」とした者では「続けられる」と回答する割合が高くなる。さらに、介護に直面した際に職場で相談できる雰囲気の有無および勤務先の介護に関する両立支援制度の認知度と、仕事継続の見通しとの関係をみたのが**図表10**である。介護に直面した際に勤務先に「相談できる雰囲気がある」とした社員では、仕事が「続けられる」とした割合が、「相談できる雰囲気がない」に比べて高くなる。また勤務先における両立支援制度に関する認知度についてみても、

「制度があることを知っており、内容もわかる」とした社員では、仕事継続の見込みが高い。

これまでの分析を踏まえると、恒常的な残業がないことや有給休暇が取得しやすい職場であること、さらに仕事と介護の両立に関して相談できる雰囲気などワーク・ライフ・バランスが実現できる職場とすることに加えて、公的な介護保険制度の仕組みや勤務先における仕事と介護の両立支援制度に関する情報を社員に提供することを通じて、介護の課題に直面しても仕事と介護が両立できるとの見通しを社員自身が持てるようにすることが重要であることがわかる。仕事と子育ての両立支援と仕事と介護の両立支援では、異なる取組みが必要となると指摘したが、ワーク・ライフ・バランスを実現できる職場づくりは、両者に共通している取組みとなる。ワーク・ライフ・バランスを実現できる職場づくりに関しては、V章で詳しく取り上げる。

3 仕事と介護の両立に関する社員のニーズ把握と両立支援のための情報提供

(1) ニーズ把握が出発点

企業による仕事と介護の両立支援は、まず介護の課題に直面している社員や、社員の仕事と介護の両立に関する支援ニーズの把握からはじめることになる。すでに介護の課題に直面している社員だけでなく今後直面する可能性のある社員を含めて、仕事と介護の両立のための課題を把握することが望ましい。支援ニーズの把握方法では、社員へのアンケート調査や上司と部下との面談機会、さらには自己申告制度などが活用できる。職場の管理職が、部下の介護の課題を把握できることが望ましいが、子育ての場合と異なり、部下の側から介護の課題を伝えないと管理職として部下の課題を把握できない。この点は人事担当者が社員の介護の課題を把握する場合でも同様である。他方で、介護の課題に直面する可能性がある社員は中高年層の男性が多いため、個人や家庭の課題を職場に持ち込むべきでないと考えている者が少なくない。こうしたことから社員の仕事と介護の両立の課題を把握するためには、職場における上司と部下の円滑なコミュニケーションの構築が欠かせない。

(2) 事前の情報提供

仕事と介護の両立支援では、社員が介護の課題に直面する前に、両立に必要な基本的な情報を提供することが鍵となることを指摘した。では社員にそうした基本的な情報をどの時点に提供することが望ましいのか。40歳代後半から介護の課題に直面する社員が漸増するため、その前に提供することが必要となる。他方で、30歳代以下の社員層では、親が要介護の状態にある者が少なく、情報提供しても関心を持たない者が多いという問題もある。こうした点を考慮すると、基本的な情報を提供する時期としては、社員が関心を持ちやすい40歳時点と考えられる。その理由は、40歳代になると親の介護の課題に直面する社員が出現することに加えて、40歳になると社員は介護保険の被保険者となることによる。40歳の時点に介護保険の被保険者になるものの、保険証もなく（保険証が届くのは65歳の誕生月）、また介護保険の保険者が、被保険者に介護保険制度に関する情報提供を十分に提供してないこともあり、社員の中には、介護保険の被保険者になったことを知らなかったり、被保険者になったことは知っていても介護保険制度の仕組みを知らなかったりする者が多い現状がある。**図表1**（57頁）と同じ個人調査で介護保険制度に関する社員の認知状況を確認しよう。認知度を測定するために設けた10項目のうち3つの基本項目に関する回答を見ると、男女計では「保険料の支払いは、40歳からである」は49・7％と半数であるが、「介護保険サービスを受けられるのは原則65歳以上であること」は27・1％、「介護保険サービスを利用した場合の自己負担割合は原則1割であること」は21・5％と認知度が低くなり、10の項目のすべてを知らないと回答した者も21・0％を占める。もちろん現在、介護をしていると回答した者では、いずれも認知度が高くなり、「保険料の支払いは、40歳からである」が55・1％、「介護保険サービスを受けられるのは原則65歳以上であること」が45・2％、「介護保険サービスを利用した場合の自己負担割合は原則1割であること」が73・8％で、10の項目のすべてを知らないと回答した者は7・3％と低くなる。また、分析対象は40歳以上に限定しているため、回答者の全員が介護保険の被保険者であるはずにもかかわらず、「保険料の支払いは、40歳からである」ことの認知度が、現在介護している者でも半数強でしかないことは、介護保険に関する認知度の低さを示している。

以上のような状況を改善するために、社員が介護保険の被保険者となる40歳の時点に、介護保険制度の内容と利用方法に関する説明と合わせて、基本的な情報である介護の課題への心構えと企業が用意している仕事と介護の両立に関する支援制度の概要を、企業として社員に提供することが考えられる。

(3) 心構えの内容と情報提供のタイミング

介護に関する基本的な心構えとしては、以下の3点などがある。

① 親がいる限り誰でも介護の課題に直面する可能性が高いので、直面しても慌てないこと。

② 介護の課題に直面した際には、会社や上司に相談し、自分一人で介護の課題を抱え込まないこと。

③ 自分ひとりで介護をすべて担うのでなく、介護保険制度などによる介護支援サービスを利用し、さらに会社の両立支援制度なども活用して、仕事と介護を両立し、就業の継続を基本とすること。

などである。

会社の両立支援制度に関する情報提供を行う際には、介護休業制度の趣旨を正しく伝えることが重要である。介護休業は、社員自身が親などを主に介護するための制度ではなく、仕事と介護の両立のための準備の期間として活用するものであることの説明が必要となる。

40歳に続いて、情報提供の時期として適切と考えられるのは、介護の課題に直面する社員が多くなる50歳代の入口である50歳である。50歳から退職時期となる65歳までは、仕事を継続する上で仕事と介護の両立がきわめて重要となることによる。これまでも多くの企業では、定年までのキャリア設計と定年後の生活設計を含めたライフプランセミナーを50歳前後に開催していたこともあり、それに合わせて仕事と介護の両立に関する情報を提供するのである。提供する情報は、40歳時点で提供したものをベースにそれを詳しくしたものでよい。

社員が40歳や50歳の時点での情報提供に加えて、要介護になった場合の介護に関する親の希望などに関して、社員が親と話し合うことや、親の健康や生活の状態を適宜把握することを社員に働きかけることも、仕事と介護の両立支援として重要な取組みとなる。なぜならば、すでに述べたように子育てとは異なり、介護の課題に直面する時期を事前に予測することは難しいものの、親の健康や生活の状態を注意深く観察することで、介護の課題に直面することが近いかどうかをある程度まで知ることができることによる。また、親自身が要介護の状態になったときにどのような介護を希望しているかを事前に確認しておくことが望ましい。そのためには、社員が親の健康や生活の状態を確認したり、親の介護に関する希望を確認したりするためのきっかけを企業として社員に教えることも大事な両立支援となる。具体的には、親が65歳と75歳の時点がその機会となる。前者のタイミングは親が65歳となる誕生月に介護保険証が届くことによる。親と同居していない場合も含めて、介護保険証が届くときを契機に、介護保険制度の仕組みを親に説明したり、介護に関する親の希望を確認したりするわけである。また、75歳は、70歳代後半層から要支援や要介護になる高齢者が漸増することによる。75歳以降は親の健康や生活の状態を適宜把握することの必要性が高まることを社員に喚起することが求められる。介護に関する親の希望に関して社員が親と話し合ったり、親の生活や健康の状態を確認したりすることを社員が行うようにするためには、親と話し合うことが望ましい事項や生活や健康に関するチェックリストを、企業として作成して社員に提供することが有効となる。

(4) 直面した社員には

介護の課題に直面した社員に対しては、介護保険制度による介護支援サービスや自社の両立支援制度を活用して、仕事と介護の両立支援を図ることを企業としてサポートすることになる。仕事と介護の両立支援制度の中核は、介護休業制度であるが、すでに説明したようにその機能は介護に専念するためのものではない。この点を誤解している社員も少なくないため、介護休業の活用の仕方を企業として正しく説明することが不可欠となる。介護休業は、介護に専念するための制度ではなく、仕事と介護の両立のための準備を行うためのものである。たとえば、同居していない親が骨折で入院し、病院での付添などの必要が生じるとしよう。当初は、有給休暇を利用することが一般的である。さらに付添などに要する期間が長くなる場合に、介護休業を取得することになる。そして、退院の時期がわかり、退院後に自宅でのリハビリが必要ということになれば、介護認定を申請したり、退院前に段差解消の住宅改修を行ったりし、介護認定が下りれば、ケアマネジャーを選定し、在宅でのリハビリのアレンジを依頼することになる。介護休業を取得している間にこうした準備を行うことで、仕事への復帰とその後の仕事と介護の両立が可能となる。言いかえれば、こうした準備をせずに介護をすべて自分で担おうとすると仕事に復帰できなくなるわけである。その後にもケアマネジャーとの打ち合わせのために、介護休暇を半日単位で利用したり、再度、短期の入院の必要性が生じたときに介護休暇を取得したりすることなどが必要となる。このように仕事と子育ての両立とは異なり、仕事と介護の両立には、連続した休業だけでなく、必要の都度に短期の介護休暇を取得できるなど柔軟な両立支援制度が有効となる。さらに仕事と介護の両立では、休業や休暇などの取得の必要が予期せずに急に生じることが多くなるため、そうした場合でも職場の業務が円滑に遂行できるような日常的な取組みが重要となる。これはまさにワーク・ライフ・バランスが実現できる職場づくりの課題となる。

2　データは、東京大学社会科学研究所のワーク・ライフ・バランス推進・研究プロジェクト（代表佐藤博樹）が、プロジェクト参加企業の社員を対象として実施した個人調査である。調査は、２０１１年度に6社、２０１２年度に5社の計11社を対象として行った。本稿では、回答者のうち40歳以上の社員に限定して分析し、有効回答数は２９，５７１人である。各社で調査実施時期は異なるが、２０１１年9月～11月初旬の間の2週間程度、２０１２年8月～12月の間の2週間程度で行った。詳しくは、東京大学社会科学研究所ワーク・ライフ・バランス推進・研究プロジェクト（２０１３）『仕事継続を可能とする介護と仕事の両立支援のあり方－従業員の介護ニーズに関する調査報告書』を参照されたい。

Ⅲ章

両立支援制度の設計・見直し

Ⅲ章　両立支援制度の設計・見直し

介護に関する社員のニーズ調査や相談により社内の両立支援ニーズがみえてきたら、「仕事と介護の両立」の支援策を検討することが必要となる。

多くの企業においては、すでにある程度の支援制度は導入済みである。最低限でも、「育児・介護休業法」に対応した、介護休業制度や介護休暇制度を整備していることだろう。しかし、社員のニーズ把握を行った上で、制度を検討している企業はまだ少ない。そこで、社員の「仕事と介護の両立の可能性を高める」上で必要な制度の設計や既存制度の見直しを行う必要がある。その際には、２０１７年1月1日から施行された改正育児・介護休業法への対応が必要となる。

本章では企業における取組みの現状を明らかにし、両立支援制度の見直しの視点について提案していくこととする。

1 企業における取組み状況

まず、現状、企業はどのような取組みを行っているのだろうか。２０１２年に企業を対象として実施したアンケート調査とインタビュー調査の結果を中心に状況を紹介する。[3] 企業アンケート調査によると（**図表１**）、「介護休業制度や介護休暇等に関する法定の制度を整えている」企業は９割弱であり、大多数の企業で対応がなされていることがわかる。一方、「法定以外の制度等、介護との両立のための働き方の取組みを充実」させている企業は約16％と多くはない。他に、先の章で示したようなニーズ把握や相談、情報提供といった支援をしている企業もあるが、それらもすべて２割以下である。

介護休業制度など主だった取組みごとに現状を紹介していこう。

(1) 介護休業制度

「介護休業制度や介護休暇等に関する法定の制度を整えている」企業の中には、「介護休業」や「介護休暇」について、調査時点の法定水準を上回る取組みをしている企業も少な

図表1　企業における「仕事と介護の両立支援」取組み

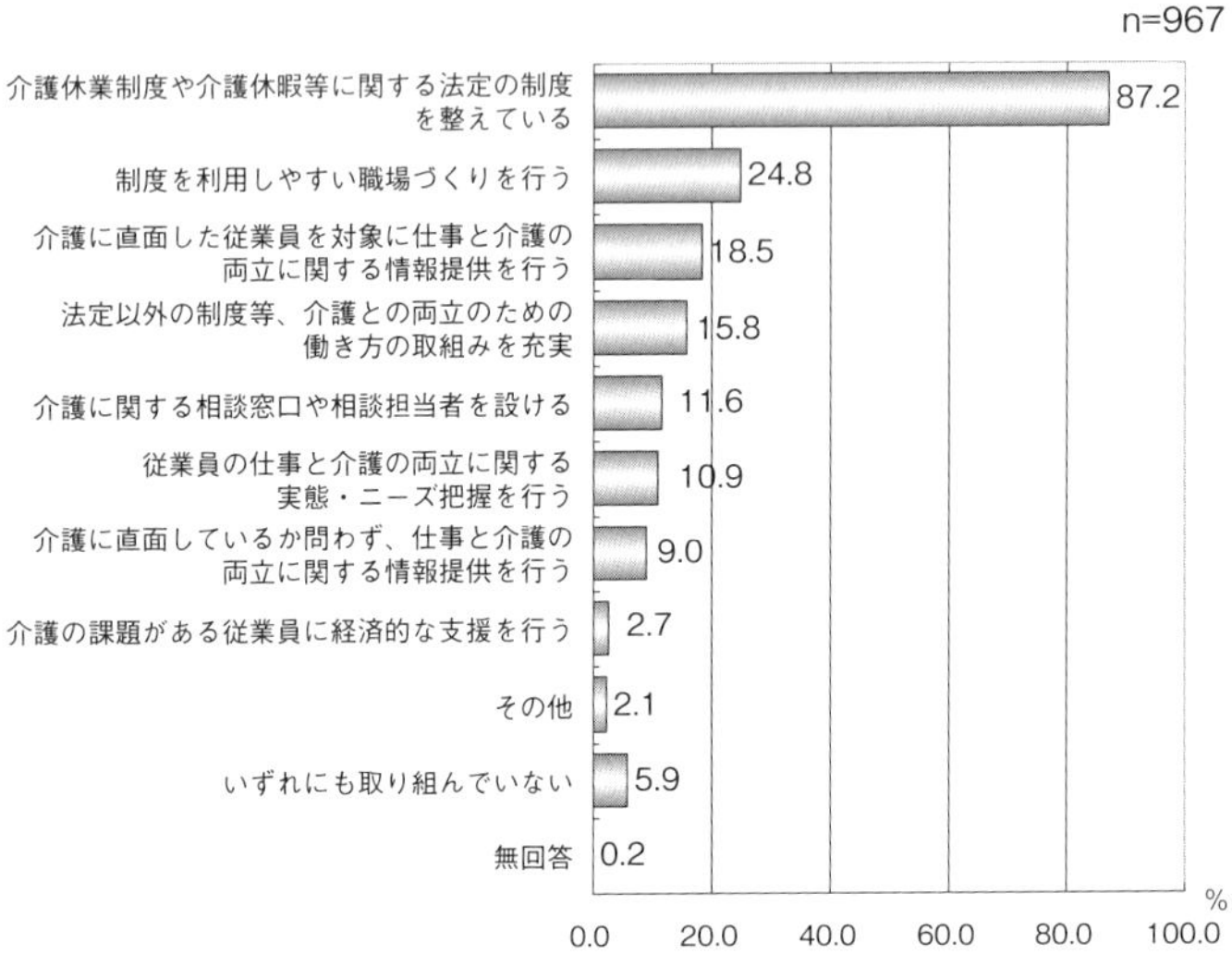

（出所）三菱UFJリサーチ＆コンサルティング「平成24年度両立支援ベストプラクティス普及事業（仕事と介護の両立に関する企業調査）」（厚生労働省委託事業）2013年3月

くない。企業調査では、「法定を上回る」制度を整備している企業が2割以上あり、従業員1001人以上の大企業では5割を超える。大企業ほど、法定以上の取組みを行っていたことになる。

では、どのような形で法定以上の取組みをしているのだろうか。具体的な整備内容として、もっとも多いのは「取得期間」についてであり、つまりは「休業可能期間を延ばす」ことである。「法定を上回る内容である」と答えた企業のうち9割が取得期間を延長して

図表２　介護休業制度の法定を上回る整備内容

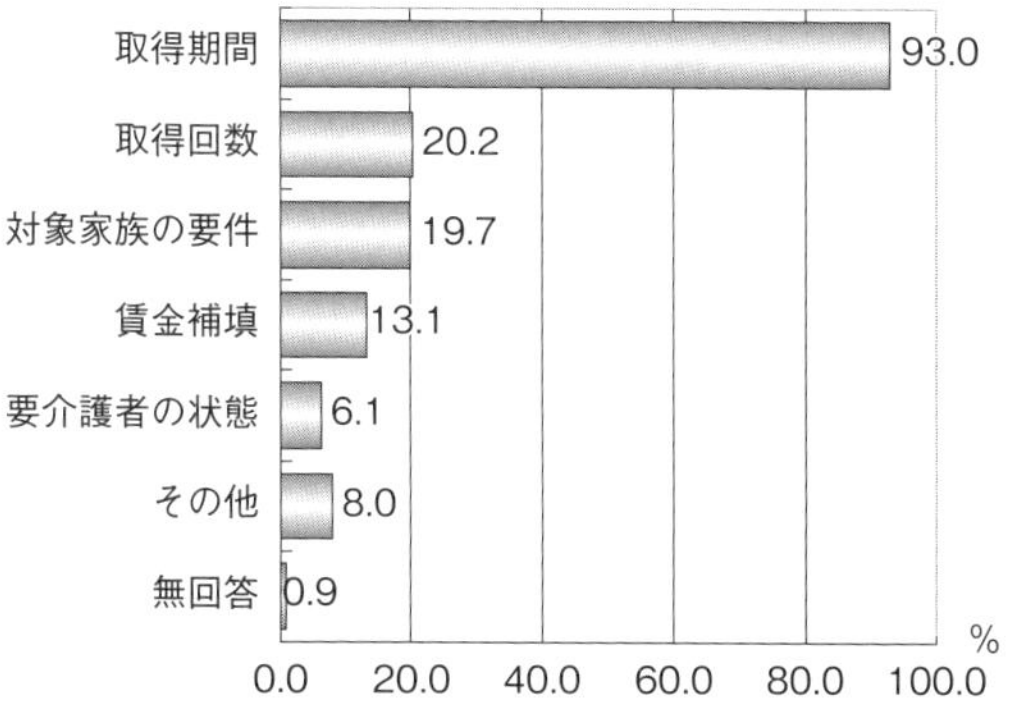

（出所）三菱UFJリサーチ＆コンサルティング「平成24年度両立支援ベストプラクティス普及事業（仕事と介護の両立に関する企業調査）」（厚生労働省委託事業）2013年３月

いる（**図表２**）。

法定では93日だが、延長している企業では、「365日」や「1年」といった設定に変更している企業が多い。「介護はいつまで続くかわからない」というイメージがあり、ましてや「法定の3か月程度では終わる見込みはないだろう」ということで、「せめて1年くらいは」というところに落ち着く企業が多いようである。また、介護休業制度については、1999年に施行された「育児・介護休業法」に対応する形で導入した企業が多いが、利用者がほとんどおらず、実際のニーズが見えない状況の中で10年以上が経過してきた。育児支援が充実していくのにあわせて、介護についても何らかの支援策の充実を図る必要があるのではないかという判断で、「とりあえず期間を延長した」という企業も少なくない。そのため、インタビュー調査では、「93日の休業で復帰できない人が、1年に延長したことで復帰できるようになりますか？」と聞くと、「わからない」と答える人事担当者が多い。実態としても、1年程度休業を利用してスムーズに現場復帰した、といったケースはほとんど聞かれなかった。

介護休業の利用実態がない中で、企業が期間延長の取組みを進めてきた背景には、「介護休業制度は労働者が自ら親等の介護をするための休業である」という誤った認識がある。先にも述べたように、「介護休業制度は仕事と介護の両立のための体制づくり」のための休業であり、だからこそ、93日という中途半端な期間が設定されている、ということを企業の人事担当者が認識することが重要である。厚生労働省のセミナー等で、繰り返しこうした見方が説明されているものの、「介護施設に入所するまでは介護休業を取って自ら介護する必要がある」といった誤った情報提供を行う機関や講師もあり、なかなか介護休業の目的についての理解が進まない現状がある。

実際に労働者に活用されている拡充策は、「取得回数」の増加、つまり、休業期間を分割して取得可能とする制度である。ただし、調査時点では法定の「介護休業」については、分割取得は認められていなかったため、企業が独自の制度として分割取得を可能とした場合、休むことはできても、2回目の取得時に（トータルで93日以内だとしても）給付金を受け取ることはできなかった。[4]

２０１７年施行の改正法では、介護休業の「取得期間」はこれまで同様93日に据え置かれ、３回までの「分割取得」が可能となった。国としても、介護休業の目的に照らして、休業期間の延長よりも分割取得が必要だと判断したことになる。

また、介護休業制度は、「対象家族の要件」や「対象となる要介護者の状態」など取得条件がわかりにくいところがある。

「対象家族」は「配偶者、父母、子、配偶者の父母並びに労働者が同居しかつ扶養している祖父母、兄弟姉妹及び孫」とされていたが、今回の法改正に際し、省令で「同居・扶養していない祖父母、兄弟姉妹及び孫」も対象となるとされた。

また、常時介護を必要とする状態つまり「要介護状態」に関して、**図表3**のように改定された。介護休業が法定化された時点では、介護保険制度が導入されていなかったことや介護休業の取得は高齢者介護に限定されないことなどから、介護休業の取得可能な要介護状態と介護保険上の要介護認定が対応していなかった。そのため、従来は、高齢者介護では、およそ「要介護2程度」以上とされていたが、今回の改正では、利用者にわかりやす

図表3　常時介護を必要とする状態に関する判断基準

介護休業は2週間以上の期間にわたり常時介護を必要とする状態にある対象家族を介護するための休業で、常時介護を必要とする状態については、以下の表を参照しつつ、判断することとなります。ただし、この基準に厳密に従うことにとらわれて労働者の介護休業の取得が制限されてしまわないように、介護をしている労働者の個々の事情にあわせて、なるべく労働者が仕事と介護を両立できるよう、事業主は柔軟に運用することが望まれます。

「常時介護を必要とする状態」とは、以下の（1）または（2）のいずれかに該当する場合であること。

（1）介護保険制度の要介護状態区分において要介護2以上であること。

（2）状態①〜⑫のうち、2が2つ以上または3が1つ以上該当し、かつ、その状態が継続すると認められること。

項目＼状態	1 （注1）	2 （注2）	3
①座位保持（10分間一人で座っていることができる）	自分で可	支えてもらえればできる（注3）	できない
②歩行（立ち止まらず、座り込まずに5m程度歩くことができる）	つかまらないでできる	何かにつかまればできる	できない
③移乗（ベッドと車いす、車いすと便座の間を移るなどの乗り移りの動作）	自分で可	一部介助、見守り等が必要	全面的介助が必要
④水分・食事摂取（注4）	自分で可	一部介助、見守り等が必要	全面的介助が必要
⑤排泄	自分で可	一部介助、見守り等が必要	全面的介助が必要
⑥衣類の着脱	自分で可	一部介助、見守り等が必要	全面的介助が必要
⑦意思の伝達	できる	ときどきできない	できない
⑧外出すると戻れない	ない	ときどきある	ほとんど毎回ある
⑨物を壊したり衣類を破くことがある	ない	ときどきある	ほとんど毎日ある（注5）
⑩周囲の者が何らかの対応をとらなければならないほどの物忘れがある	ない	ときどきある	ほとんど毎日ある
⑪薬の内服	自分で可	一部介助、見守り等が必要	全面的介助が必要
⑫日常の意思決定（注6）	できる	本人に関する重要な意思決定はできない（注7）	ほとんどできない

（注1）各項目の1の状態中、「自分で可」には、福祉用具を使ったり、自分の手で支えて自分でできる場合も含む。

（注2）各項目の2の状態中、「見守り等」とは、常時の付き添いの必要がある「見守り」や、認知症高齢者等の場合に必要な行為の「確認」、「指示」、「声かけ」等のことである。

（注3）「①座位保持」の「支えてもらえればできる」には背もたれがあれば一人で座っていることができる場合も含む。

（注4）「④水分・食事摂取」の「見守り等」には動作を見守ることや、摂取する量の過小・過多の判断を支援する声かけを含む。

（注5）⑨3の状態（「物を壊したり衣類を破くことがほとんど毎日ある」）には「自分や他人を傷つけることがときどきある」状態を含む。

（注6）「⑫日常の意思決定」とは毎日の暮らしにおける活動に関して意思決定ができる能力をいう。

（注7）慣れ親しんだ日常生活に関する事項（見たいテレビ番組やその日の献立等）に関する意思決定はできるが、本人に関する重要な決定への合意等（ケアプランの作成への参加、治療方針への合意等）には、指示や支援を必要とすることをいう。

（出所）厚生労働省

い基準が設定されると同時に、高齢者では「要介護1の一部を含む要介護2以上」と取得要件が緩和された。また、この点は従来と同じであるが、介護休業の取得要件を満たせば、介護休業取得時に親等が要介護認定を受けていなくても介護休業を取得できる。

なお、介護休業の取得要件については、すでに法定より緩和している企業もあり、特に、要介護状態については、状態を裏付ける書類の提示を求めていない企業も少なくないため、今回の改正が、個々の企業にとって、要件の緩和につながるとは限らない。

企業が介護休業など両立支援制度の導入にあたっては、取得期間などについて法定を超える設定とした場合に、法定を超える場合の取得要件や要介護状態の解釈についても、社員の誤解がないように定めておくことが必要となる。高齢者の介護ではなく配偶者や子の病気の「看護」により、企業側が想定するよりも若年の労働者が長期にわたり制度利用を希望する可能性があることなどを踏まえた検討が必要である。

このように、法定を上回る内容を整備している企業も多い介護休業制度だが、利用状況をみると、利用者がいる企業は、全体では2割強に留まっている。「女性のみ利用者がいる」企業が約15％を占めており、男性の利用はさらに少ない。企業規模別にみると、企業規模が大きいほど利用者のいる割合は高く、従業員規模１００１人以上では、５割弱の利用者

図表４　企業における介護休業制度の利用状況

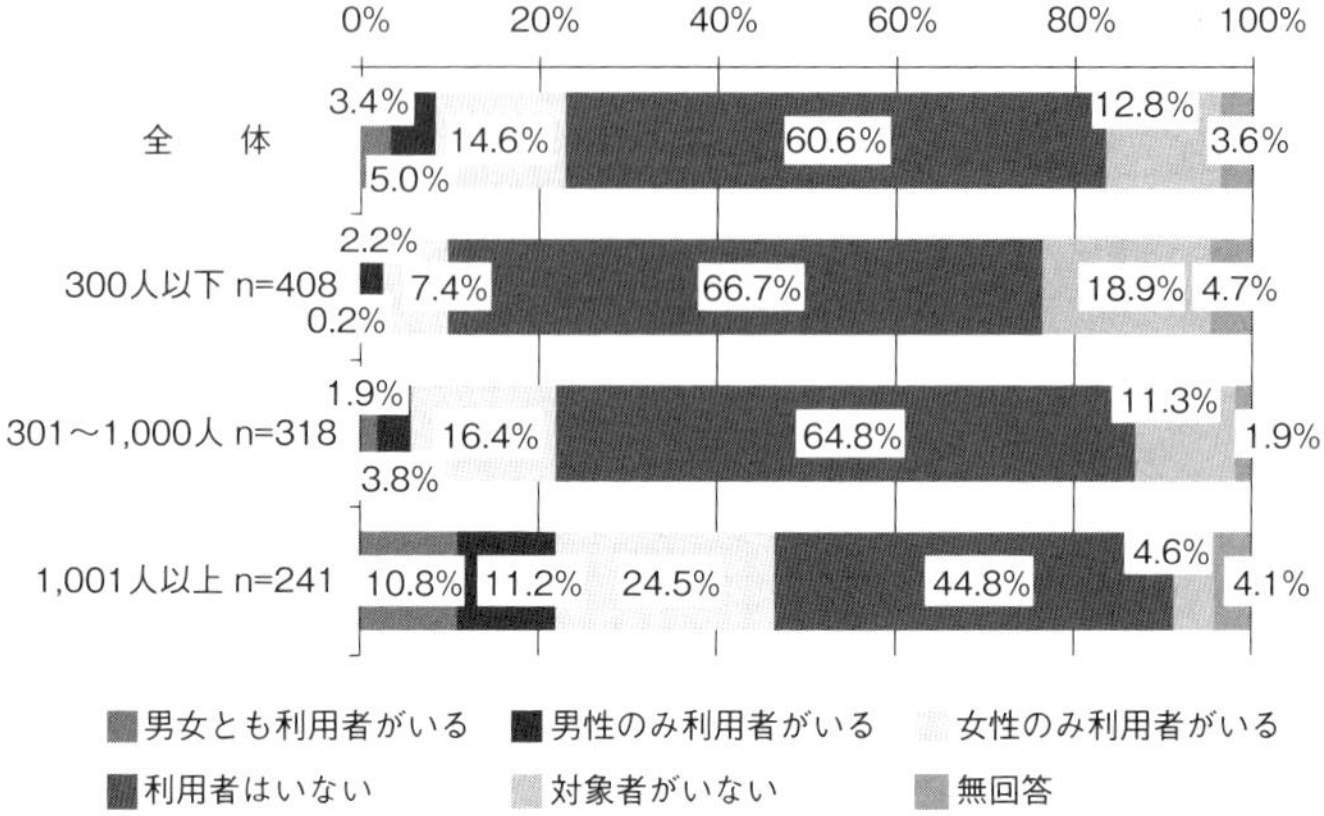

（出所）三菱UFJリサーチ＆コンサルティング「平成24年度両立支援ベストプラクティス普及事業（仕事と介護の両立に関する企業調査）」（厚生労働省委託事業）2013年３月

がおり、男性の利用者がいる企業も2割強となっている（図表４）。

今回の改正法では、給付金の支給水準も見直され、育児休業と同水準となっている。分割取得が可能となったことと、給付金の支給水準が上がったことで、今後は、利用者が増える可能性もある。

なお、今回の法改正では、介護休業や介護休暇に加えて、短時間勤務等や残業免除など多様な両立支援制度が導入された。他方で、こうした多様な両立支援制度の取得要件は、前述の介護休業の取得要件がすべて適用される。運用が難しい面もあるが、企業としては、労働者の両立支援ニーズに応じて、介護休業と介護休暇の取得要件を変えることも検討に値しよう。介護休業は、親の要介護状態が安定しない初期から利用する必要があることから要件を緩和するが、他の柔軟な働き方の支援は長期にわたる利用が見込まれることから法定どおりとする、などの考え方がある。

(2) 介護休暇制度

「介護休暇」は、「育児・介護休業法」で、要介護者1人につき年5日、2人以上であれば年10日まで取得することができる。「介護休暇」については、介護休業ほど「法定を上回る内容」を整備している企業の割合は高くなく、全体で11・7％である。「法定を上回る内容」とは、「取得単位（半日・時間単位で休むことができる）」「取得日数」「賃金補填（有給化）」などが多い（**図表5**）。

介護休暇制度の利用状況をみると、利用者のいる企業の割合は、全体では、介護休業とあまり変わらず2割弱に留まっている。ただし、男性の利用者のいる割合は、介護休業よりも介護休暇の方が高い。介護休暇についても、企業規模が大きいほど、利用者のいる割合は高く、1001人以上の企業では、男性の利用者のいる割合も27・4％と高くなっている（**図表6**）。今回の法改正では、半日単位での介護休暇利用が可能となった。在宅介

図表５　介護休暇：法定を上回る内容

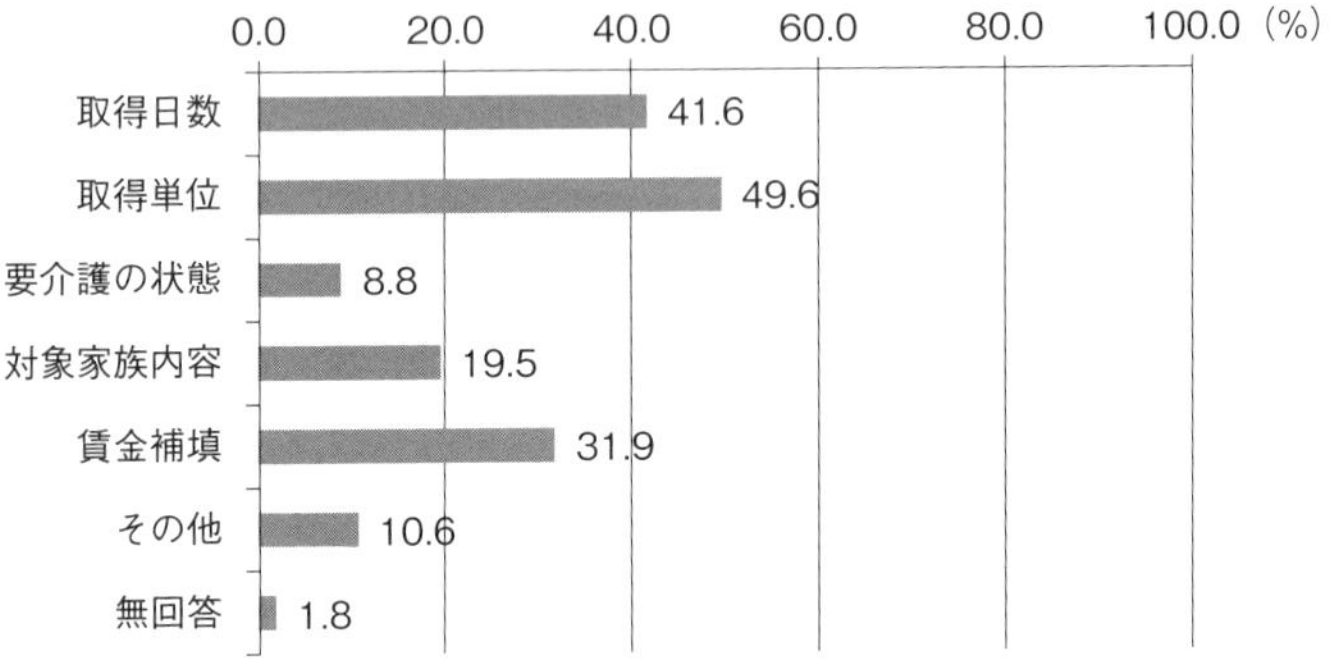

（出所）三菱UFJリサーチ＆コンサルティング「平成24年度両立支援ベストプラクティス普及事業（仕事と介護の両立に関する企業調査）」（厚生労働省委託事業）2013年３月

護では、月1回の1時間程度のケアマネジャーとの打ち合わせが必要となるが、その際に介護休暇が使いやすくなると考えられるため、今後利用率が高くなることが予想される。

1日単位の休暇については、介護休暇の他にも、介護目的で利用可能な他の有給休暇制度を設けている企業もある。失効年次有給休暇の積立制度を導入している企業では、介護事由での利用を認めている企業が少なくない。また、介護休暇だけでなく、有給休暇も含めて、半日単位や時間単位等で取得できるようにしている。したがって、介護のためにどのくらいの社員が休暇をとっているのかは、介護休業や介護休暇の利用実態のみからはみえてこない。

図表6　企業における介護休暇制度の利用状況

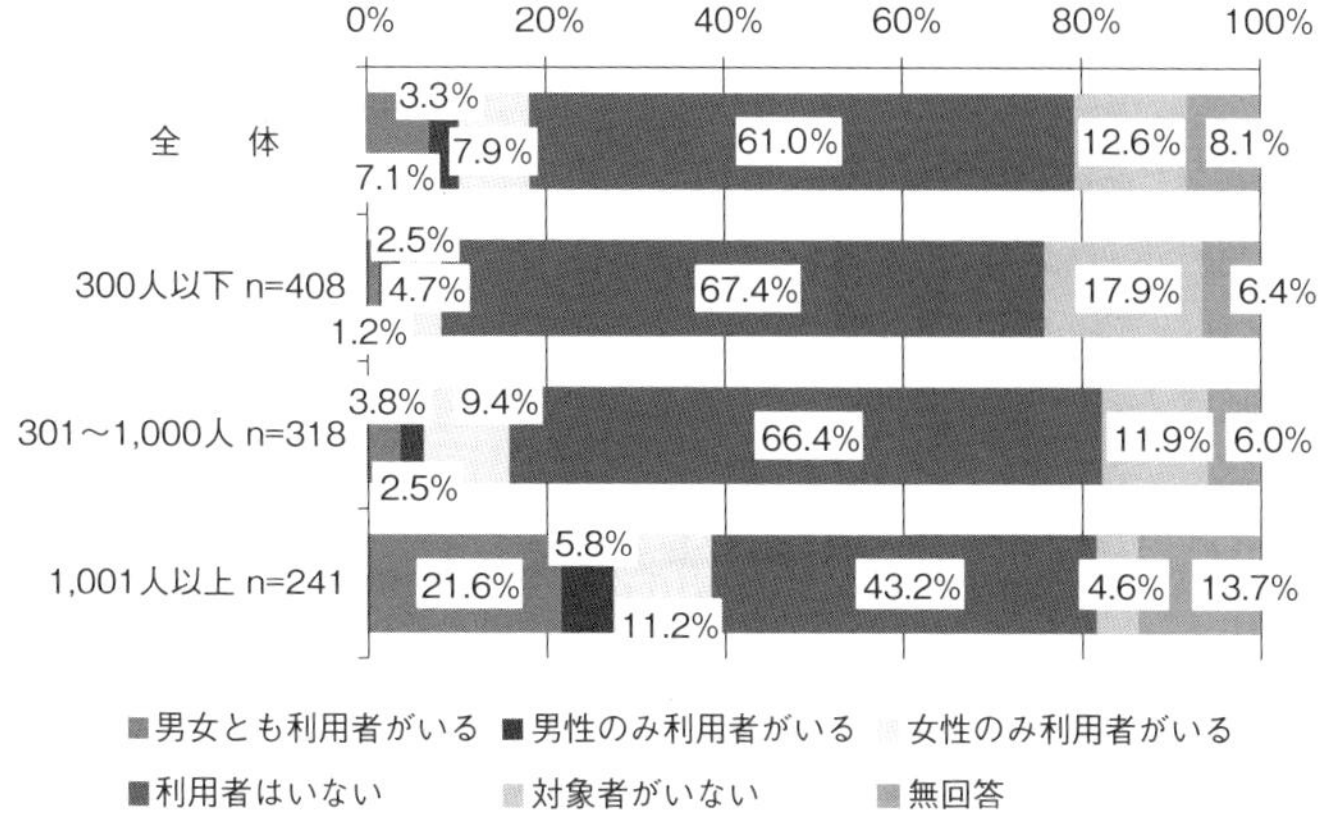

（出所）三菱UFJリサーチ＆コンサルティング「平成24年度両立支援ベストプラクティス普及事業（仕事と介護の両立に関する企業調査）」（厚生労働省委託事業）2013年3月

(3) その他柔軟な働き方を支援する制度

介護休業と介護休暇制度以外の「仕事と介護の両立」のための柔軟な働き方を支援する制度として、もっとも導入されているのは、「1日の所定労働時間を短縮する制度（以下、短時間勤務制度）」であり、約7割の企業で導入されている。次いで、「半日単位、時間単位等の休暇制度」「始業・終業時間の繰上げ・繰下げ」の導入割合が高い（**図表7**）。

「育児・介護休業法」では、これまでは、事業主に、要介護状態にある対象家族を介護する労働者が「介護休業と通算で93日まで」勤務時間の短縮等の措置が受けられるような措置を講ずることを義務付けていた。今回の改正では「介護休業とは別に」、3年間までの間に複数回利用することが可能となった。「勤務時間の短縮等の措置」の内容は、**図表8**のとおりである。先に述べたように、介護休業制度は、介護体制を作るため、つまり介護の準備のための制度であるのに対し、勤務時間短縮等の措置は仕事との両立を続けていくための制度である。これまでは、介護休業と勤務時間短縮等の措置が、「合わせて93日」とされていることが介護休業の目的が誤解される一因でもあり、今回の改正で、介護休業は介護の体制作りのために数週間程度取得し、その後必要があれば、勤務時間短縮等の措置や介護休暇等を活用しながら仕事と介護を両立するというイメージが明確になった。育児目的の短時間勤務の場合、ほとんどが「1日の所定労働時間を短縮する」パターンでの制度設計となっているが、介護目的の場合、「週又は月の所定労働時間を短縮する」あるいは「週又は月の所定労働日数を短縮する」パターンも2割程度の企業で導入されているのが特徴である。育児の場合、保育所の利用との関係で、1日あたりの時間を短縮する利用ニーズが主であるが、介護の場合、多様なサービスの利用や親族間での役割分担の兼ね合い、遠距離介護のニーズ等から、働く日数を減らす短日勤務での利用を想定した制度導入も行われている。

図表７　介護休業・介護休暇以外の柔軟な働き方の導入制度

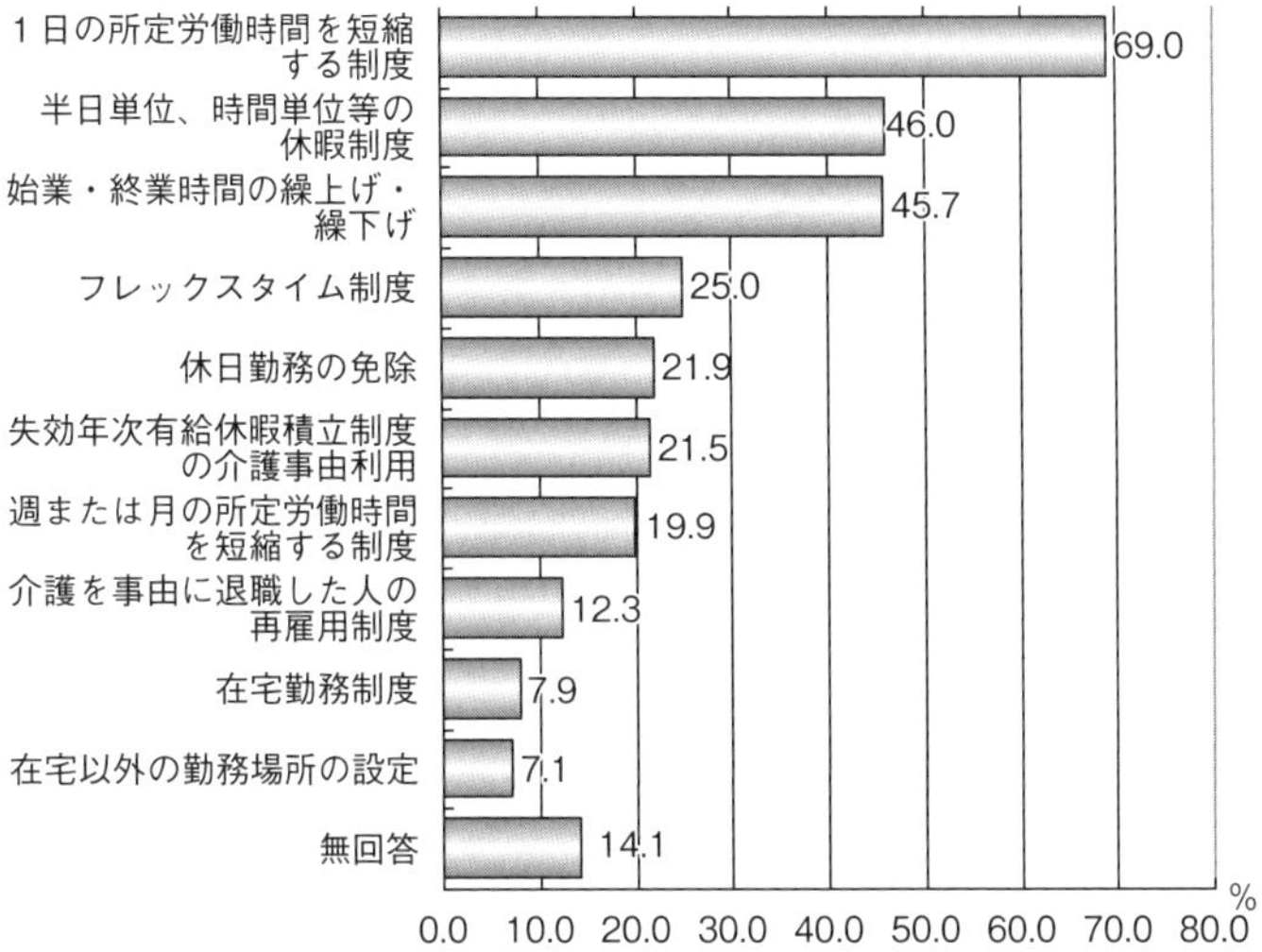

（出所）三菱UFJリサーチ＆コンサルティング「平成24年度両立支援ベストプラクティス普及事業（仕事と介護の両立に関する企業調査）」（厚生労働省委託事業）2013年３月

図表８　介護のための勤務時間の短縮等の措置

１．短時間勤務制度
　（１）１日の所定労働時間を短縮する制度
　（２）週又は月の所定労働時間を短縮する制度
　（３）週又は月の所定労働日数を短縮する制度（隔日勤務、特定の曜日のみの勤務等の制度）
　（４）労働者が個々に勤務しない日又は時間を請求することを認める制度
２．フレックスタイム制度
３．始業・終業時刻の繰上げ・繰下げ
４．労働者が利用する介護サービスの費用の助成その他これに準ずる制度

（出所）厚生労働省「育児・介護休業法のあらまし」（平成29年10月１日施行対応）

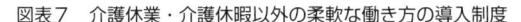

図表９　介護休業・介護休暇以外の柔軟な働き方を支援する制度の利用状況

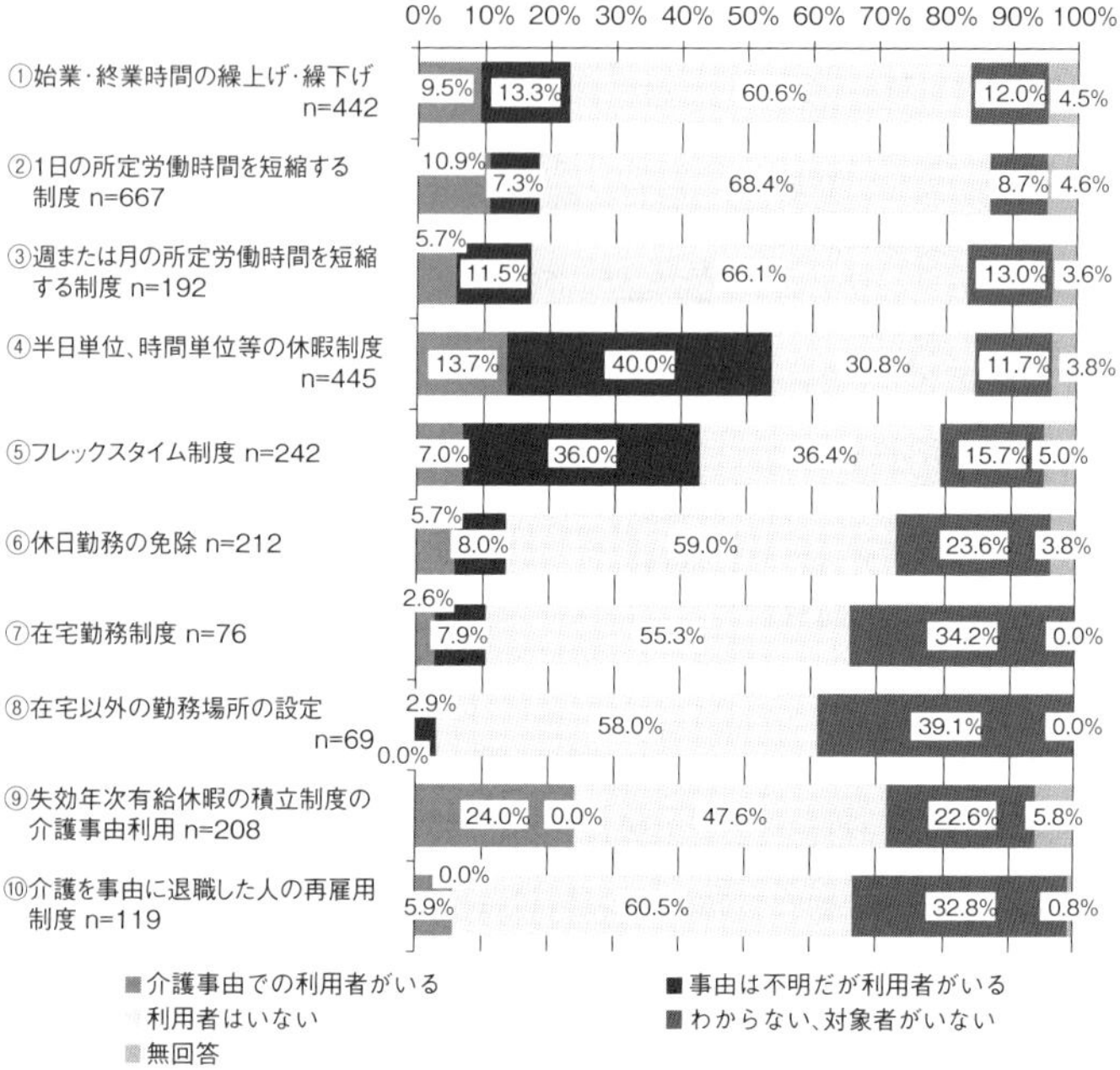

（出所）三菱UFJリサーチ＆コンサルティング「平成24年度両立支援ベストプラクティス普及事業（仕事と介護の両立に関する企業調査）」（厚生労働省委託事業）2013年３月

また、フレックスタイム制度や在宅勤務の導入については、全社員に適用されているわけではなく、対象となる職種や職場等が限定される場合がある。

企業における利用状況をみると、導入されている割合の高い「短時間勤務制度」は、利用者のいる割合は2割に満たない（**図表9**）。介護事由での利用者に限ると1割強とさらに少ない。利用者の

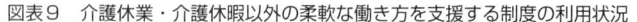

いる企業の割合がもっとも高いのは、「半日単位、時間単位等の休暇制度」であり、次に高いのが「フレックスタイム制度」である。ただし、いずれも「事由は不明」の利用者の割合が高い。介護事由に限ると、「失効年次有給休暇の積立制度」の利用者がいる割合が高い。

なお、今回の法改正では、介護目的の「所定外労働の免除」を労働者が申請できるようになった。期間は、介護終了までである。今後は、利用可能な期間が限定されている勤務時間の短縮等の措置と所定外労働の免除をうまく組み合わせて、仕事と介護の両立をはかることになろう。ただし、すでに短時間勤務制度や在宅介護を導入している企業では、特に期間を限定していない企業も多いことから、親の介護環境（近距離介護か遠距離介護か、在宅介護か施設介護か）や介護者の通勤時間等の条件によって、所定外労働の免除や勤務時間の短縮等の措置の使い分けが行われる可能性もある。

(4) 転勤の配慮

「育児・介護休業法」では、事業主は、労働者を転勤させようとするときには、育児や介護を行うことが困難となる労働者について、その育児または介護の状況に配慮しなければ

図表10　勤務場所への配慮の実施状況

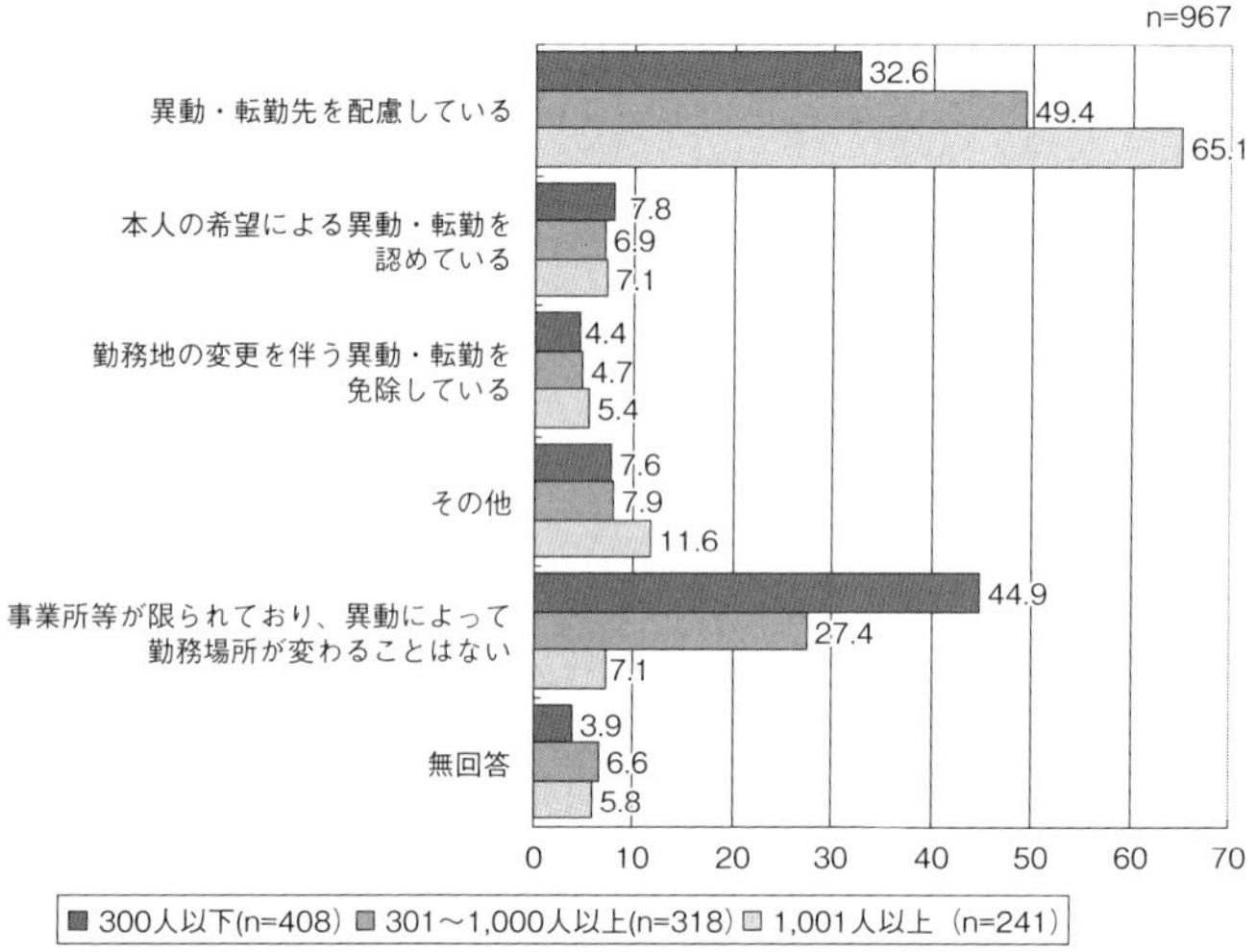

（出所）三菱UFJリサーチ＆コンサルティング「平成24年度両立支援ベストプラクティス普及事業（仕事と介護の両立に関する企業調査）」（厚生労働省委託事業）2013年３月

ばならないとされている。企業において、「勤務地の変更を伴う異動・転勤を免除している」割合は、５％前後とあまり高くはないが、「仕事と介護を両立できる範囲内での異動・転勤とする等異動・転勤先を配慮している」企業は、企業規模が大きいほど多く、従業員1001人以上では65・1％にのぼる。転勤免除といった正式な制度として導入している訳ではないが、何らかの配慮をしている企業が多いことがわかる。中小企業で「配慮している」割合が少ないのは、「事業所等が限られており異動によって勤務場所等が変わることはない」という企業が多いためである（図表10）。

このように、転居を伴う転勤があるという意味で、勤務場所への配慮の問題は、多くは大企業の問題といえる。また、介護と育児の大きな違いの一つは、要介護者と同居していないケースが少なくないことである。特に、東京・大阪など大都市で働く就労者は、親と遠く離れて暮らしている人が多いことから、大都市に事業所を構える大企業においては、特に、遠距離介護が課題となっている。そのため、本人の転勤時の配慮だけではなく、遠距離に住む親との介護を目的とした同居のための転勤について支援を行っている企業も一部にある。

資料　仕事と介護の両立支援制度の見直し

改正内容【介護離職を防止し、仕事と介護の両立を可能とするための制度の整備】

	改正内容	改正後
1	介護休業（93日：介護の体制構築のための休業）の分割取得	取得回数の実績を踏まえ、介護の始期、終期、その間の期間にそれぞれ対応するという観点から、対象家族１人につき通算93日まで、３回を上限として、介護休業の分割取得を可能とする。
2	介護休暇（年５日）の取得単位の柔軟化	半日（所定労働時間の２分の１）単位の取得を可能とする。 ＜日常的な介護ニーズに対応＞ 子の看護休暇と同様の制度
3	介護のための所定労働時間の短縮措置等（選択的措置義務）	介護休業とは別に、利用開始から３年の間で２回以上の利用を可能とする。 ＜日常的な介護ニーズに対応＞ 事業主は以下のうちいずれかの措置を選択して講じなければならない。（措置内容は現行と同じ） ①所定労働時間の短縮措置（短時間勤務） ②フレックスタイム制度 ③始業・終業時刻の繰上げ・繰下げ ④労働者が利用する介護サービス費用の助成その他これに準じる制度
4	介護のための所定外労働の免除（新設）	介護終了までの期間について請求することのできる権利として新設する。 ＜日常的な介護ニーズに対応＞ ・当該事業主に引き続き雇用された期間が１年未満の労働者等は、労使協定により除外できる。 ・１回の請求につき１月以上１年以内の期間で請求でき、事業の正常な運営を妨げる場合には事業主は請求を拒否できる。

5	有期契約労働者の介護休業の取得要件の緩和	①当該事業主に引き続き雇用された期間が過去１年以上であること、 ②93日経過日から６カ月を経過する日までの間に、その労働契約（労働契約が更新される場合にあっては、更新後のもの）が満了することが明らかでない者 とし、取得要件を緩和する。

介護休業等の対象家族の範囲の拡大【省令事項】
同居･扶養していない祖父母、兄弟姉妹及び孫も追加。（現行：配偶者、父母、子、配偶者の父母、同居かつ扶養している祖父母、兄弟姉妹及び孫）

（出所）厚生労働省　平成28年改正法解説資料より抜粋

2 制度設計・制度見直しに必要な視点

では、現在導入されている制度や利用状況を踏まえて、制度設計の見直しをどのような視点で行えばよいのであろうか。

(1) 仕事と介護の両立実態

制度設計の見直しを検討する際には、働きながら介護をしている人たちの介護の実態を把握する必要がある。子育ての場合、仕事と子育ての両立生活の実態がある程度明らかにされている。出産後には産休と育休を利用し、復職後は、日中は保育所を利用しながら両立を図る。そのための働き方の支援制度として、社員には、短時間勤務や所定外労働の免除、看護休暇制度等が活用されている。子育てをしながら働く女性が増えてきたことと、子育ての生活リズムは子どもの成長による変化はあるものの、ある程度共通しているため、こうした両立のイメージは共有されてきた感がある。

しかし、介護については正社員として働きながら介護している人はまだ少なく、介護休業や介護休暇等の制度も利用していないことから、企業も社員の両立の実態が把握できていない。また、親などの要介護状態が多様であり、介護期間や介護を担える親族の状況や介護サービスの利用状況も多様であることから、企業にとっては介護の実態を把握しにくいという面もある。

そうした介護の「多様性」と「不確かさ」から、企業の人事担当者からは、「どこまで支援をすればよいのか」「どんな支援をしたら両立が可能になるのか」といった支援のゴールがみえないという声が聞かれる。

では、仕事と介護を両立している人は、どのような生活をしているのだろうか。

正社員を対象とした調査で実際に働きながら介護をしている社員の介護の状況をみたものが**図表11**である。調査対象となった正社員の父母（要介護者）が受けていた介護としては、「排泄や入浴等の身体介護」が54・9％、「定期的な声かけ（見守り）」が76・7％となっている。この調査では、いわゆる「介護」としてイメージされる「身体介護」や「見守り」だけではなく、ちょっとした買い物やゴミ出し等の「手助け」も含めて「介護」として把握している。

これらの介護のうち、調査対象である正社員がどのような介護を担っているのかをみる

図表11　正社員として働きながら介護している人の介護内容：就労者　n=193

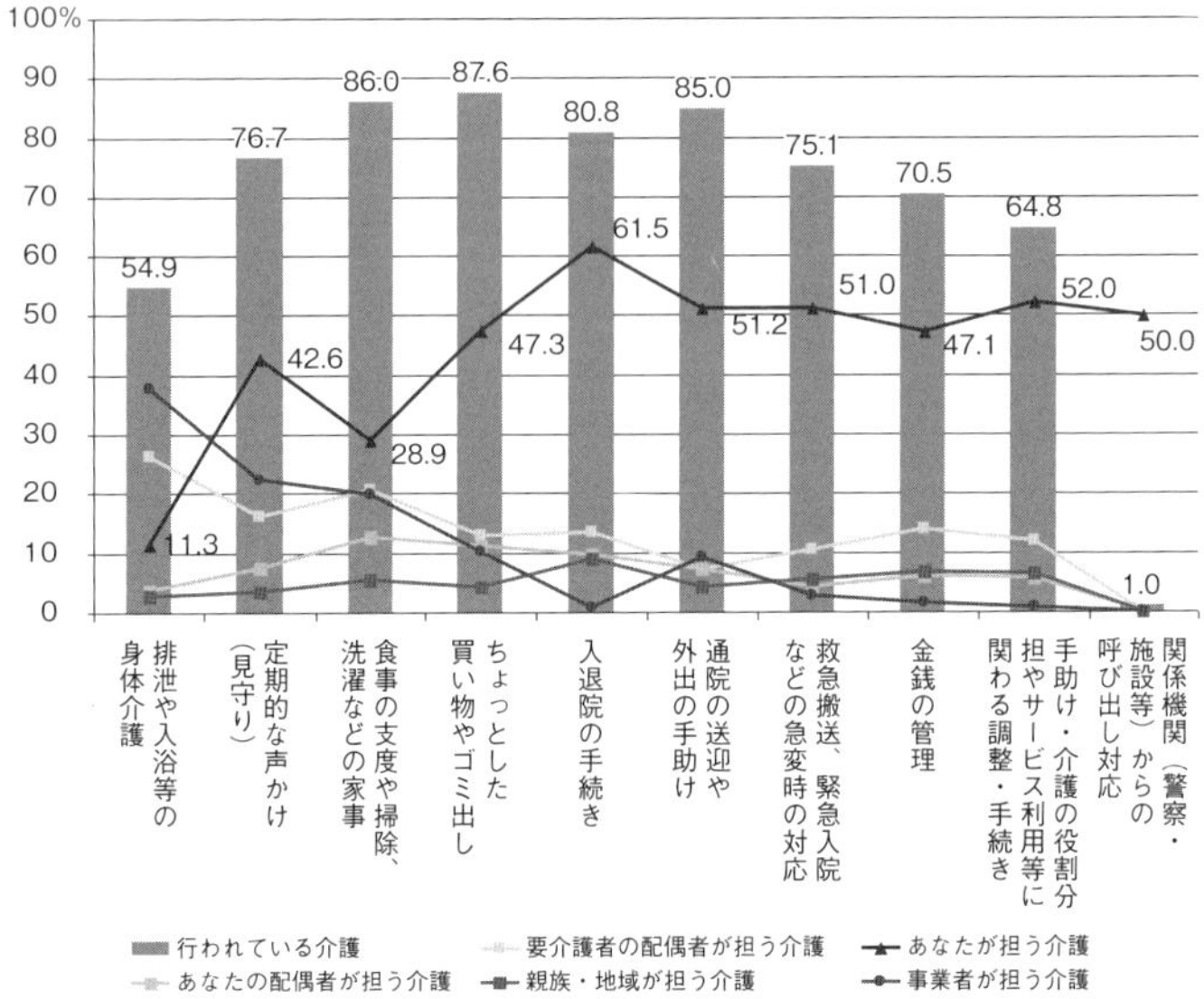

（出所）三菱UFJリサーチ＆コンサルティング「仕事と介護の両立に関する実態把握のための調査研究（労働者調査）」（厚生労働省委託事業）2013年３月
注１：「介護を必要とする父母が１人」で「１人の父母を介護している」回答者のみを対象として集計している。
注２：各担い手の割合は、「行われている介護」を100として算出したもの。

と、「排泄や入浴等の身体介護」については、11・3％の人が担っているのみである。「定期的な声かけ」については42・6％、「食事の支度や掃除、洗濯などの家事」については28・9％が、正社員として働いている人が担っている割合である。特に、身体介護については、（働きながら介護をしている人は）あまり担っていない。誰が担っているかというと、介護事業者の割合が高い。それでは、働きながら介護をしている人は、何をしているかというと、「入退院の手続き」や「手助け・介護の役割分担やサービス利用等に関わる調整・手続き」などを担っている。

「サービス利用等に関わる調整・手続き」というのは、介護が必要な状態になったときに、自治体の高齢者対応の窓口や地域包括支援センターなどに相談をすることや、介護保険制度の認定からサービス利用までの手続き、ケアマネジャーや介護事業者の選定を行うことなどである。基本的には、子どもなどの親族がもっとも担うべき役割と言えよう。フルタイムで正社員として働きながら介護をしている人を対象としたインタビュー調査では、両立をしている人は、いずれも、この役割を重視していた。一度利用を決めたケアマネジャーや介護サービス事業者を、変更できないと誤解している人もいるが、両立している人は、納得のいく事業者をきちんと自分で選んでいる。両立している人たちは自分の不在が多いことから、信頼できる事業者を選ぶことの重要性がより高いと考えていることによる。そして、休暇の取得も、直接介護をするということよりも、ケアマネジャーや介護サービス事業者との月1回ほどの打ち合わせやコミュニケーション、通院の付き添いなどを目的に利用している。

図表12　正社員として働きながら介護している人の介護内容：離職者　n=665

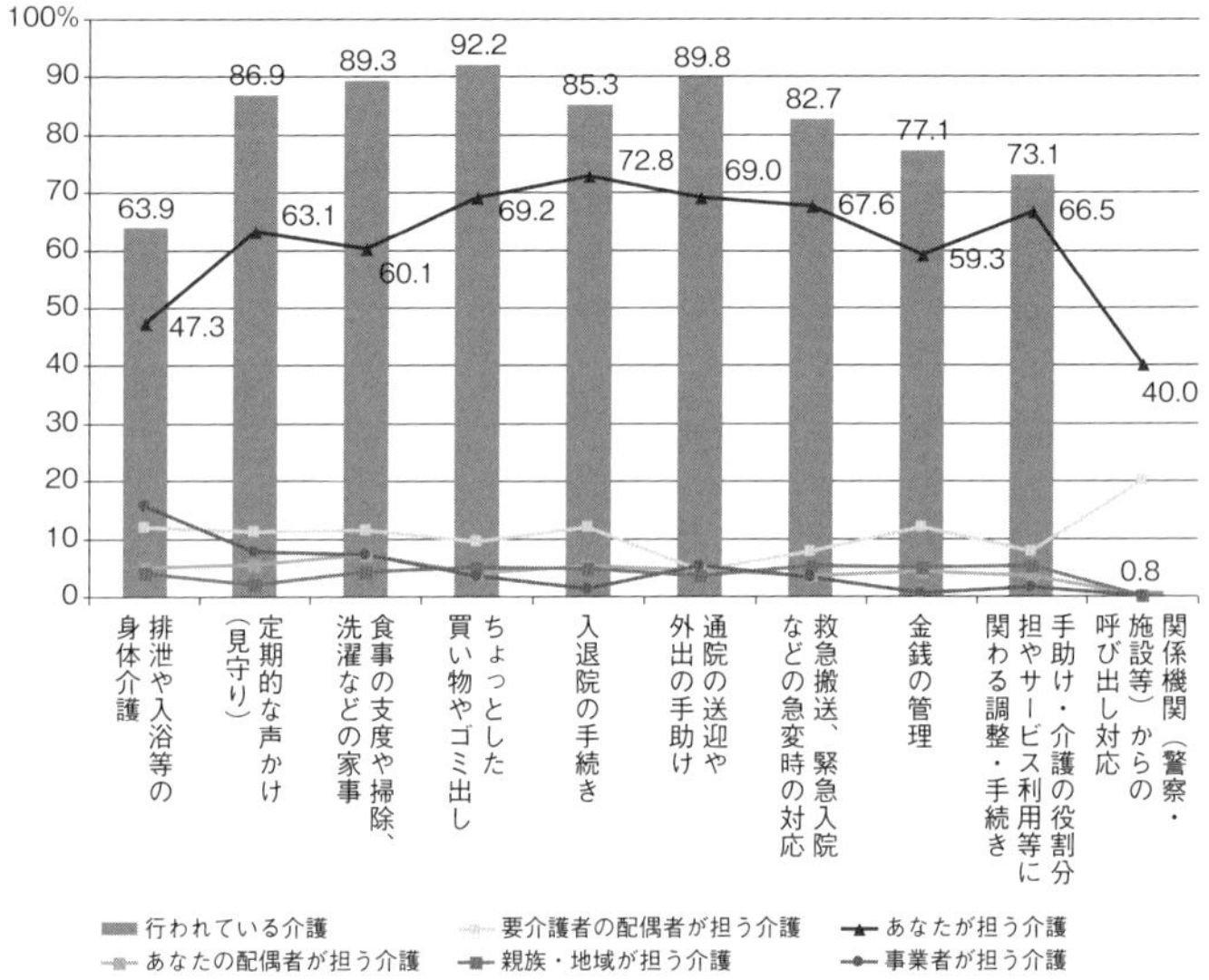

注１：「介護を必要とする父母が１人」で「1人の父母を介護している」回答者のみを対象として集計している。
注２：離職前の介護状況について聞いている。
注３：各担い手の割合は、「行われている介護」を100として算出したもの。

（出所）三菱UFJリサーチ＆コンサルティング「仕事と介護の両立に関する実態把握のための調査研究（労働者調査）」（厚生労働省委託事業）2013年３月

このように、働いている人が実際にどのような介護を担っているのかを知ることは、どのような働き方の支援が必要であるかを検討する上で、とても重要である。「身体介護」や「見守り」「家事」などは、毎日必要となる役割である。こうした役割を社員が担っていれば、大幅な働き方の変更が必要となる。他の手助け等は、たとえば、月に数回や年に数回程度、あるいは、突発的に要介護者の容態の変化等で必要になる。ケアマネジャーや介護事業者との打ち合わせであれば、丸一日休む必要はなく、介護事業者の勤務時間の中で、朝か夕方に設定してもらい、半日か時間単位の休暇を取得して対応することも可能である。

両立できるかどうかと本人の介護役割との関係は、介護を機に離職した人が、離職前に担っていた介護役割をみるとよく理解できる（**図表12**）。

介護を機に離職した人は、現在働きながら介護をしている人と比べて、自分で直接、身体介護や見守り、家事などをしている割合が高い。その他の介護についても、全体に担っている割合が高めだが、両立している人と比べると、特に、身体介護等の日常の直接的な介護を担っていた割合の差が大きい。身体介護については、両立している人は、介護事業者が4割近く担っていたのに対し、離職者の離職前の状況では、介護事業者は15％程度しか担っていない。他の介護役割も、事業者を活用している割合が低い。この調査で、現在、働きながら介護をしている人と介護を機に離職してしまった人について、介護していた要介護者の要介護状態を比較すると両者にほとんど差はない。要介護者の介護の必要度の差ではなく、どのように介護をするのか、役割分担やサービスの利用方法などに差がみられるのである。

このことから、介護事業者を活用せず、自ら直接的な介護を抱え込んでしまった人が離職してしまっている状況がみてとれる。介護休業を取得した人が休業中にどのような介護を担っていたのかについても、同じような傾向がみられる。離職してしまった人は、休業中に、身体介護や見守り等の直接的な介護を行っていた割合が高く、現在就労しながら介護をしている人は、サービス等の調整・手続きや入退院の手続きなどを行っていた割合が高い。介護休業を取って、会社を丸々休まなければならないレベルで自分が直接介護をする役割を担ってしまったら、あっという間に上限の93日、あるいは1年くらいは経ってしまい、休業期間が切れても復帰できない、ということになってしまう。こうした働き方と介護の役割分担との関係を、企業の人事担当者は十分に理解しておく必要があろう。

(2) 両立支援制度の利用状況

次に、企業における仕事と介護の両立支援制度はどのように利用されているのかをみていこう（**図表13**）。正社員として働きながら介護をしている人が利用している勤務先の制度をみると、男性も女性も、もっとも多く利用しているのは、「有給休暇」である。年次有給休暇や、失効年次有給休暇の積立制度、その他介護のための有給休暇制度をなどを利

図表13　介護のために利用した勤務先の制度：就労者

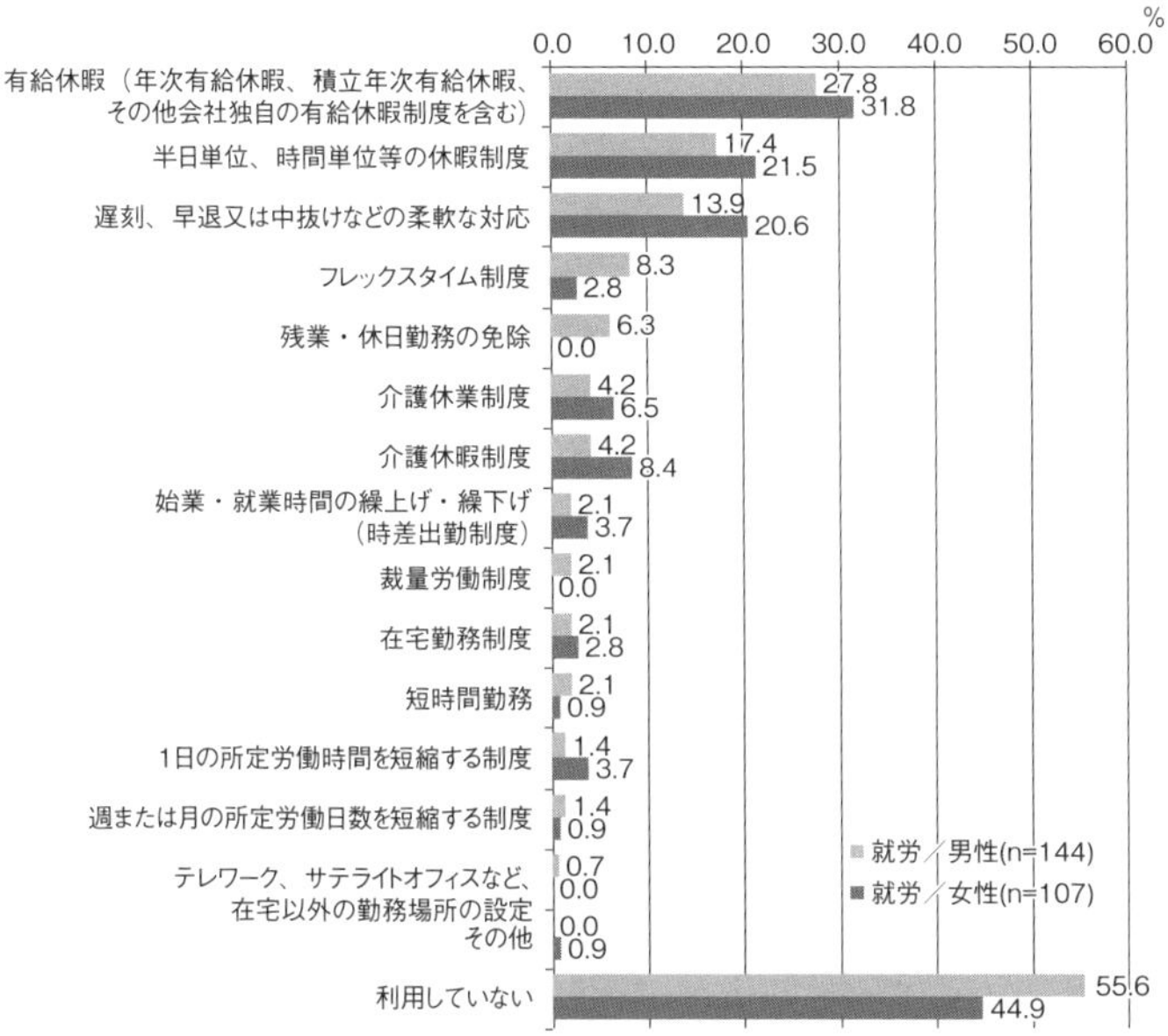

（出所）三菱UFJリサーチ＆コンサルティング「仕事と介護の両立に関する実態把握のための調査研究（労働者調査）」（厚生労働省委託事業）2013年3月

用している割合が3割前後で、もっとも多くなっている。次いで、「半日単位、時間単位等の休暇制度」「遅刻、早退又は中抜けなどの柔軟な対応」が多く、丸々1日休むのではなく、実質的に短時間勤務のように、1日のうちの一部の就労時間を介護のために休んでいる。これらの制度は、女性の方がやや利用割合が高く、男性は、「フレックスタイム制度」や「残業・休日勤務の免除」の利用割合が女性よりもやや高い。「介護休業制度」は、男性で4・2％、女性で6・5％、「介護休暇制度」は、男性で4・2％、女性で8・4％の利用に留まっている。また、何も制度を利用していない人は、男性で55・6％、女性で44・9％を占めている。

40歳代・50歳代の正社員の中で、働きながら介護をしている人と介護をしていない人を比較した場合、現状では、労働時間や有休の取得率にはほとんど差がない。休む必要性が高まったときのために取っておこうとしているのかもしれないが、介護をしている人が、就労時間の調整も有休取得もせず、その上、両立支援制度も利用しないということは何を意味するのだろうか。働き方を勘案しなくとも、両立できる介護状況にあるのか、それともかなり無理をして働いている状況なのか。

企業の両立支援制度を利用していない人に、利用していない理由を聞いたところ（**図表14**）、もっとも多い答えは「介護に係る両立支援制度がないため」である。特に、離職してしまった人でその割合は高く、半数近くにのぼる。[5] 介護休業制度や介護休暇制度は、「育児・介護休業法」によって企業に導入が義務付けられており、制度がないはずはないのだが、社員には「制度がない」と受け止めている人がかなりいることがわかる。次いで、「自分の仕事を代わってくれる人がいないため」という回答が多く、現在、働きながら介護を

図表14　勤務先の両立支援制度を利用していない理由

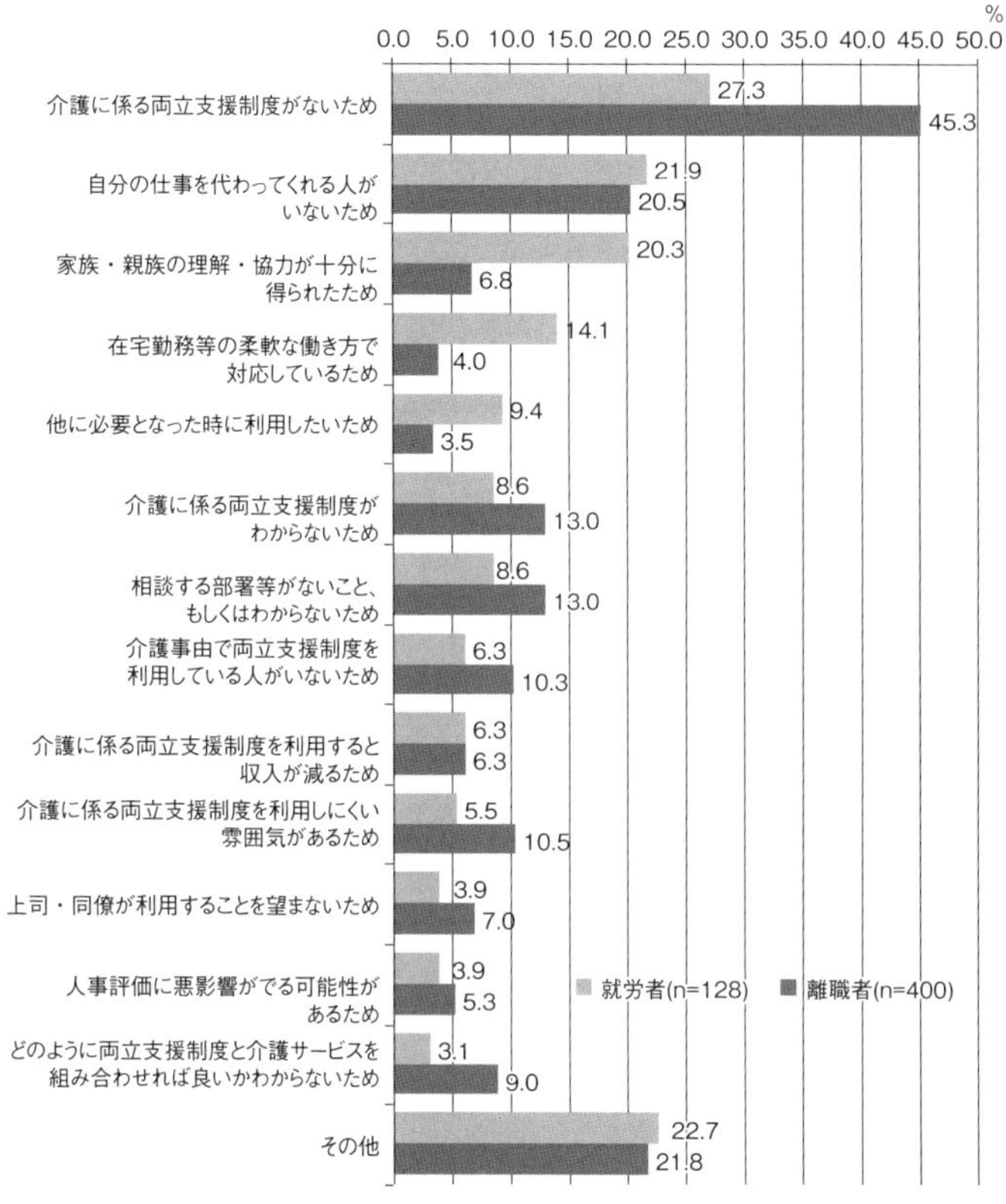

（出所）三菱UFJリサーチ＆コンサルティング「仕事と介護の両立に関する実態把握のための調査研究（労働者調査）」（厚労省委託事業）2013年３月

している人と離職してしまった人の回答割合にほとんど差がない。現在、働きながら介護をしている人でも、制度を利用して働き方を変えたいが、代わってくれる人がいないと考えているため、制度が利用できないでいる人が少なからずいることがわかる。そのため、現状では働き方において、無理をして仕事と介護の両立を図っている人が少なくないとみられる。ただ、現在、働きながら介護をしている人では、「家族・親族の理解・協力が十分に得られたため」「在宅勤務等の柔軟な働き方で対応しているため」という回答が、離職者に比べて多く、これらは、親族間の役割分担や職場の働き方の柔軟性の有無によって制度を利用しなくても両立できている人もいることを示している。

(3) 介護を必要とする親の状況

企業の人事担当者にインタビューをすると、「遠距離介護で、他に看てくれる親族もいなくて困っている」「要介護度は低いが認知症でまったく目が離せず、介護サービスも足りずに困っている」といった困難なケースを想定して、どこまで制度化すればよいのか悩んでいるという話を聞く。では、そのような困難なケースはそれほど多いのだろうか。

働きながら介護をしている人の、介護が必要な父母の要介護認定状況をみると、もっと

図表15　介護をしている父母の要介護認定状況：就労者

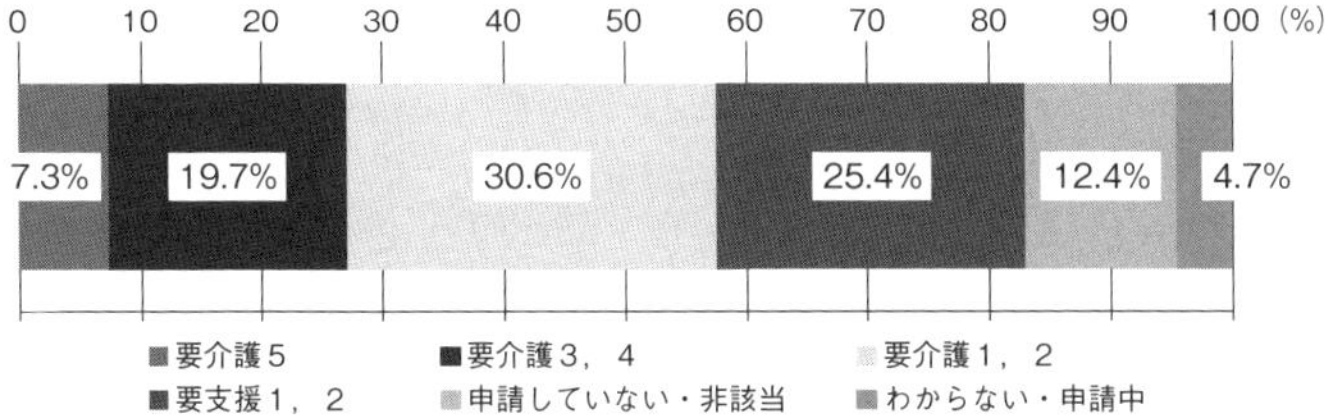

（出所）三菱UFJリサーチ＆コンサルティング「仕事と介護の両立に関する実態把握のための調査研究（労働者調査）」（厚生労働省委託事業）2013年3月

も重く、生活全般にわたり介助が必要となる「要介護5」は7・3%、立ち上がりや歩行が自立できなくなり、施設入所の可能性が高まる「要介護3、4」が19・7%である。なかでも多いのは部分的な介助が必要で、デイサービスやホームヘルパーを活用した在宅介護が中心とみられる「要介護1、2」や介護というよりも状態の維持・改善のための介護予防的支援が必要とされる「要支援1、2」である。また、認定の申請をしても要支援までいたらず「非該当」と判断された人や申請をしていない人も少なくない（**図表15**）。

要支援や要介護状態に陥る直接の原因としては、認知症が徐々に悪化するケースを除くと、高血圧や脳血管疾患、心疾患等循環器系の疾患や骨粗鬆症を含む骨折等があるが、これらの疾患等で入院し、適切なリハビリを受けて退院し、要支援や要介護1、2の状態であっても、「施設に入れないので両立は無理である」と考えてしまう社員も少なくない。社員や企業の人事担当者を対象としたアンケートの自由記入欄にも、要介護度にかかわらず、「施設に入れないので両立は困難」という回答が多くみられた。長期の休業を取らねば介護できないという思い込みと同じく、要介護度にかかわらず、施設に入れなければ両立できない、と考えてしまうと、施設が見つかるまで職場に復帰できないことになってしまう。また要介護認定で非該当となった場合も何もサービスを受けられないと考えてしまう場合があるが、市町村での地域支援事業で介護予防プログラムなどが受けられる可能性もある。

では、両立をしている人はどのようにサービスを利用しているのだろうか。

働きながら介護をしている社員が利用している要介護度別のサービスは**図表16**のとおりである。ホームヘルプ等の訪問系サービスやショートステイ等の短期入所系サービスは、要介護度が高くなるほど利用割合も高くなっている。デイサービス等の通所系サービスは、要介護1、2の利用割合が高く、特別養護老人ホーム等の施設系サービスは、要介護3以上で利用割合が高い。配食サービスや宅配弁当は、要介護度の低い人ほど利用割合が高い。要支援1、2では、サービスを利用していない人も4分の1強いる。

一方で、介護を受けている父母の状況を認知症の有無別にみると（**図表17**）、重度の認知症は6・7％、軽度の認知症が38・9％で、認知症ではない人の割合が過半数を占める。

図表16　要介護度別利用している介護サービス：就労者

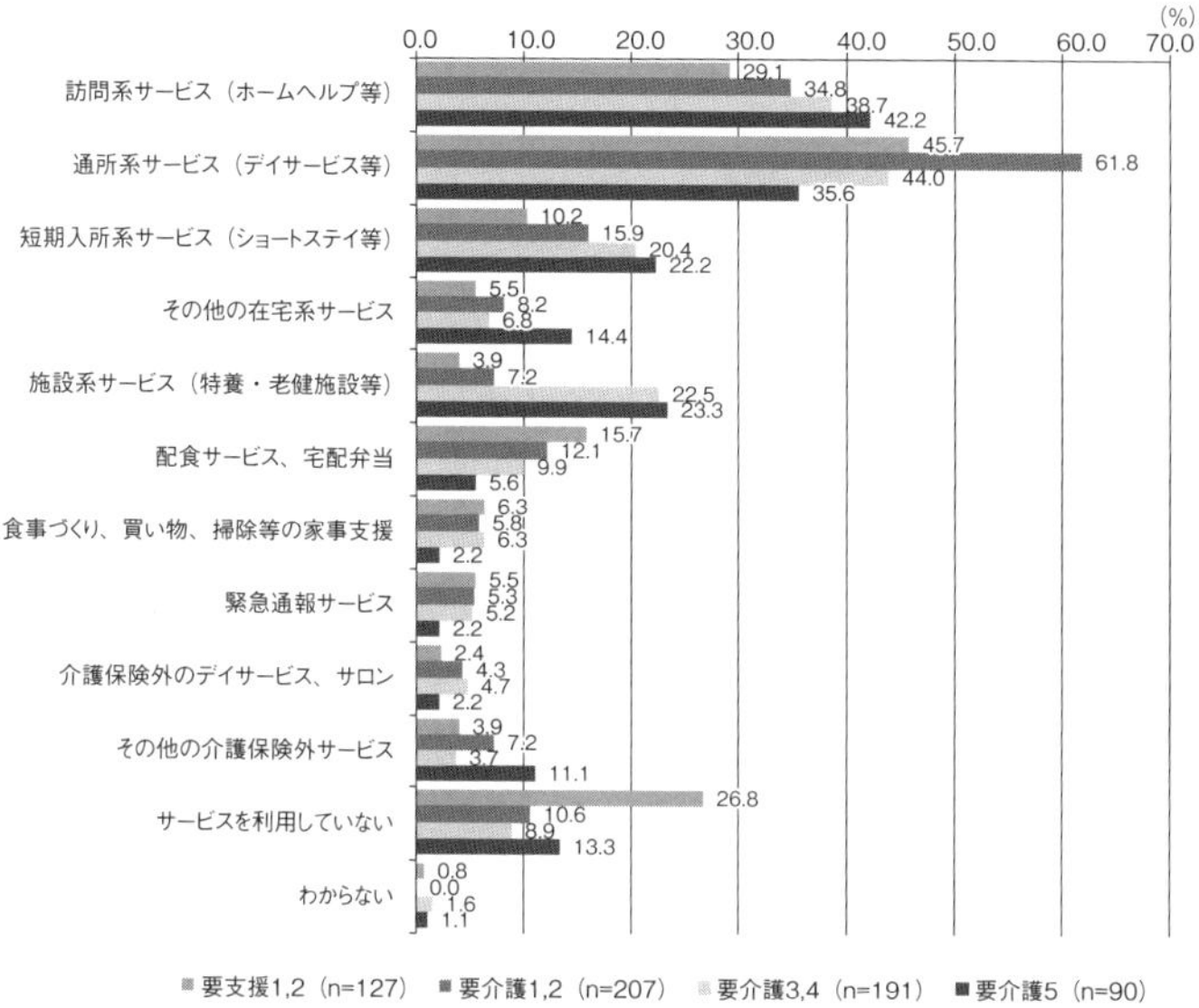

（出所）三菱UFJリサーチ＆コンサルティング「仕事と介護の両立に関する実態把握のための調査研究（労働者調査）」（厚生労働省委託事業）2013年３月

注１：「介護を必要とする父母が１人」で「１人の父母を介護している」回答者のみを対象として集計している。

注２：就労者と離職者が含まれる。離職者は離職前の介護状況について聞いている。

介護というと、すぐに認知症という話が出てくるが、必ずしも要介護者がみな認知症になっている訳ではない。また、運動機能のレベルのみで要介護度が認定されてしまうように誤解されているむきもあるが、要介護認定は、運動機能と合わせて、認知症のレベルも踏まえた判定がなされている。

　認知症の有無別に利用している介護サービスをみる（**図表18**）と、訪問系サー

図表17　介護をしている父母の認知症の有無：就労者

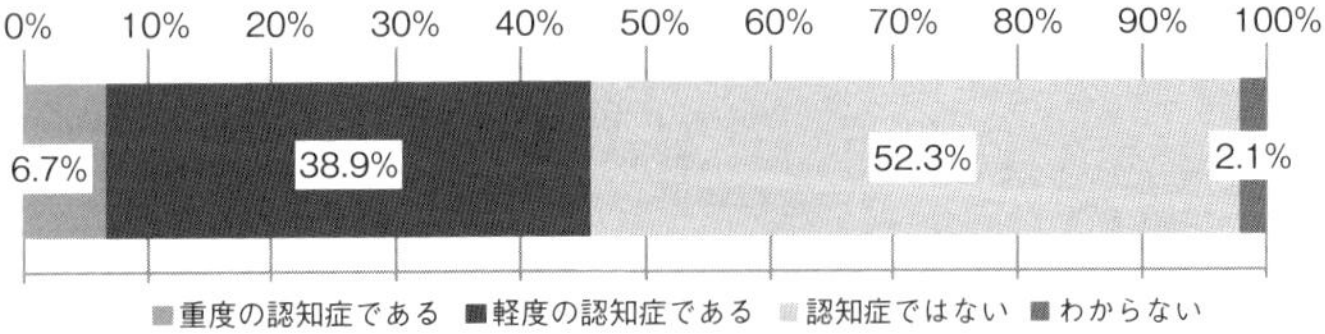

（出所）三菱UFJリサーチ＆コンサルティング「仕事と介護の両立に関する実態把握のための調査研究（労働者調査）」（厚生労働省委託事業）2013年３月

ビスは認知症の有無で利用割合はあまり変わらず、通所系サービスは軽度の認知症の利用割合が高く、短期入所系サービスや施設系サービスは、重度の認知症で利用割合が高い。先にみた要介護度だけではなく、認知症の有無によっても、ある程度サービスが使い分けられている様子がわかる。[6]

このことから、身体の状況においても、認知症についても、重度のケースばかりでなく、支援や介護を部分的に必要とする状態から介護が始まることを想定して、過度に恐れず介護をイメージしてみることも必要であろう。仕事と介護を両立している人たちは、要介護度や認知症の有無に合わせて、利用する介護サービスは変えているが、働き方はほとんど変えていない。先にみたように、仕事を代わってくれる人がいれば、もっと休みを取りたいと考えているとはいえ、とりあえず仕事を辞めずに両立しているのである。介護サービスについても、介護保険制度の利用限度額いっぱいまでサービスを使っている人は半数

図表18　認知症の有無別利用している介護サービス：就労者

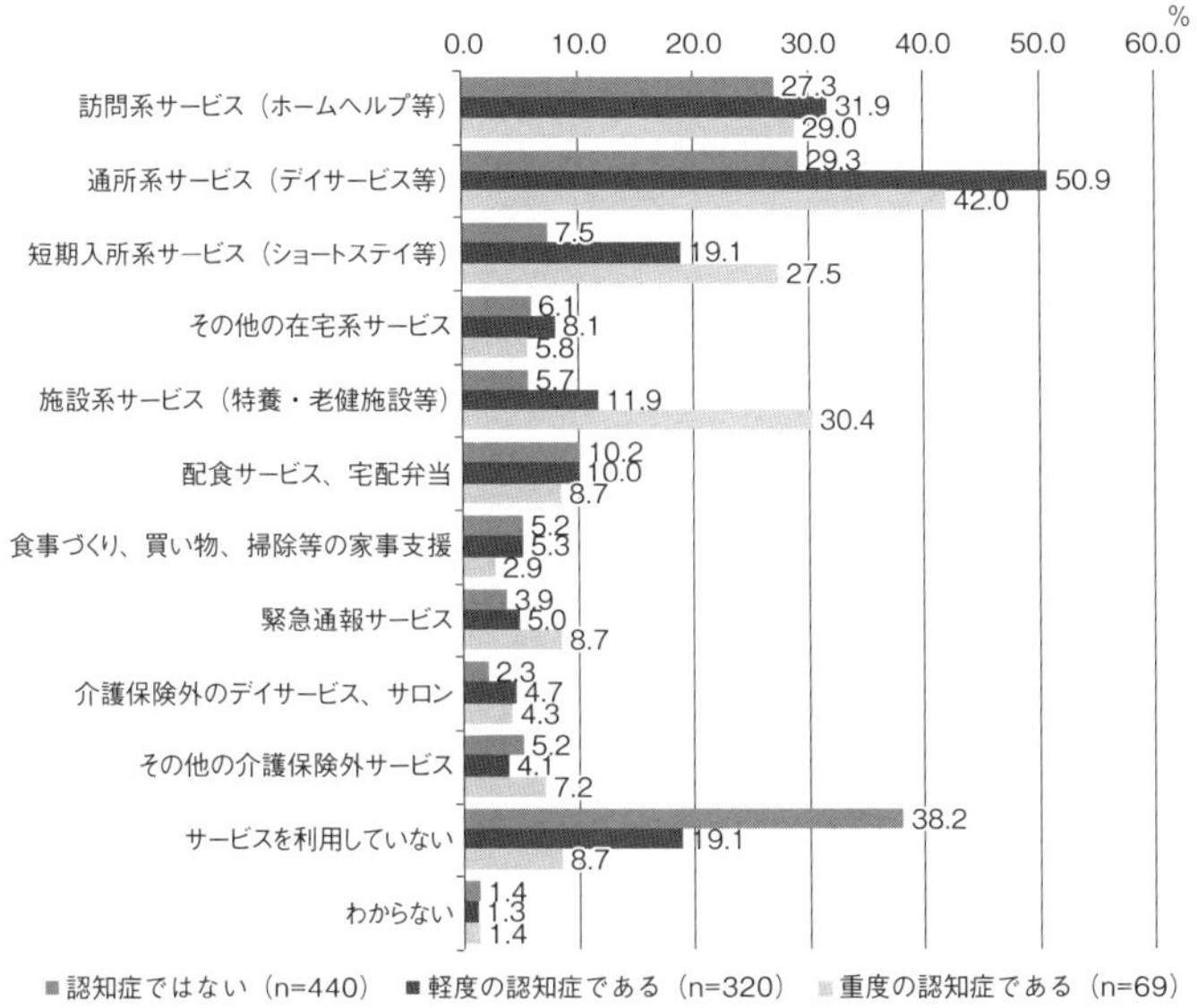

（出所）三菱UFJリサーチ＆コンサルティング「仕事と介護の両立に関する実態把握のための調査研究（労働者調査）」（厚生労働省委託事業）2013年３月

程度であり、在宅の人に限るともっと少ない割合になる。働き方の支援も介護支援も、既存のメニューがまだ十分活かされていない。それぞれの支援の利用度を少しずつ上げていくことができれば、現在両立している人にももう少し余裕が生まれ、より多くの人が仕事と介護を両立できる可能性が高まると考えられる。

　また、要介護者と介護者との居住関係についてみると、働きながら介護している就労者は、介護している父母と同居している割合が約5割を占める。同居をしていない人のうち、7割以上は、片道30分未満の近居である。もちろん、このデータは、現在両立している人についてのものであり、遠距離介護の場合、両立できていないためにデータにあらわれていないという見方もできる。また、東京に本社を置く企業では、社員が親と同居している割合がもっと低いことも考えられる。しかし、現に、まだ企業の両立支援があまり活かされていない同居や近距離での介護の実態が多くあることを踏まえ、こうした近距離介護をベースに新しい両立のあり方を検討すべきであろう。その上で、遠距離介護のケースについて、取り得る方策を付加的に検討することで、いきなり遠距離介護を想定するよりも、現実的な方策が導き出せると考えられる。

また、早くから、仕事と介護の両立の課題に取り組み、社員のニーズ調査をしていた企業では、調査を始めた当初は、介護に直面する前の社員の多くが不安を持っており人事担当者も心配したが、その後、介護の心構え等の情報提供をする中で、実際に介護に直面した社員は、親族間で役割を分担したり、介護サービスを利用するなどして、社員が自分ひとりで介護を抱え込むことにはなっておらず、当初ほどは心配していない、といった声も聞かれる。

(4) 仕事と介護の両立施策の見直しの視点

これまで述べてきた、企業における両立支援制度の導入実態、働きながら介護をしている人の制度利用や介護の実態を踏まえ、企業において、仕事と介護の両立支援の制度設計や見直しを行う際の視点として次を提案したい。

①長期の休業利用に陥ることを防ぐ
②必要に応じて1日・半日・時間単位等の休暇を取れるようにする
③できるだけフルタイムに近い勤務時間で働けるよう働き方の柔軟性を高める
④時間短縮となる場合は、短時間だけでなく短日勤務の選択肢を設ける
⑤①～④の働き方を前提として、両立可能な介護体制づくりを検討する
⑥遠距離介護やその他特殊事情に基づく困難事例は、①～⑤の対策を踏まえて検討する

① 長期の休業利用に陥ることを防ぐ

要支援・要介護の親を抱えた社員が、介護休業制度を利用し、自らひとりで介護を抱え込む生活に陥ることを防ぐ必要がある。特に、介護休業制度を1年などに延長している企業では、その利用目的が誤解されることのないよう注意が必要である。介護休業の目的は、基本的には、働き続けながら介護ができる体制を準備することであり、そのために介護休業を利用することを推奨する。具体的には、介護保険の認定手続きやケアマネジャーやサービス事業者の選定、要介護度によっては住宅改修や施設探し、親族間の役割分担の相談などのために利用するものであるという認識を共有すべきである。介護休業制度を拡充するのであれば、休業期間を延長するのではなく、今回の改正法では3回まで分割できるが、もう少し細かく1週間単位等に分割して、介護休暇等1日単位の休みでは対応できないような介護体制の見直しのために活用できるようにすることも有用であろう。高齢者の要介護状態の変化は、育児・介護休業法が想定するように要介護状態から脱して再び要介護状態に陥るというよりも、要介護状態で安定していた時期から、何かのきっかけで入院治療等を要する状態変化が起こり、その後入院前とは異なる介護体制を要する状態になる、といったことを繰り返しながら、徐々に要介護度が上がっていくことが想定される。これまでは一度しか使えない介護休業を最初に使うことに不安があるという声も聞かれたことから、こうした要介護状態の変化に対応して、臨機応変にある程度まとまった休みが取れる仕組みとすることが期待される。

②必要に応じて1日・半日・時間単位等の休暇を取れるようにする

働きながら介護をしている人が実際に使っている休暇の多くは、1日単位以下の短い休暇である。月1回程度のケアマネジャーや介護事業者とのミーティング、通院の付き添い、緊急の入院等の際に使われる休暇である。これらのために要する時間は、通勤時間にもよるが、丸一日を要しないことも多いため、半日や時間単位の休暇制度が設けられれば、限られた休暇日を必要に応じて切り出し、有効に活用することができる。今回の改正法で介護休暇は半日単位となったが、年次有給休暇等も半日単位等で活用できることが望ましい。

③できるだけフルタイムに近い勤務時間で働けるよう働き方の柔軟性を高める

短時間勤務制度を導入している企業は多いが、あまり利用はされていないのが実状である。育児目的の短時間勤務制度は、急速に普及しているが、運用方策がうまく広がっていない中で、多くの職場で混乱をもたらしている。長期的にみれば、短時間勤務でも能力発揮が可能となる運用方策が定着することが期待されるが、それまでは介護での利用にまで広がらない可能性が高い。育児と介護では短時間勤務の必要性が異なることにもよる。また、育児か介護かによらず男性は、フルタイムで働くことを希望する割合が高く、短時間勤務を希望する割合は低い。欧米の企業でも、できるだけフルタイムで働けるようにすることが、企業にとっても社員にとってもメリットがある、ということで、フルタイムの働き方の柔軟性や社員の裁量度を高める方策が重視されている。すなわち、フレックスタイム制度、在宅勤務、始業・終業時間の繰上げ・繰下げ、今回の改正法で導入された所定外労働の免除などであり、日本でも、こうした働き方の導入により働き方の柔軟性を高めることが期待される。すでに、介護のためとは説明せずに、こうした働き方で両立を図っている社員もいる可能性がある。それらの社員が、どのような要介護状態の父母等に対して、どのような介護サービスや親族等の役割分担によって、仕事と介護の両立を可能としているのか、社内の両立事例として調べることも重要である。

また、改正法で新たに設けられた「所定外労働の免除」は、「介護終了まで」必要な期間に利用することができる。親とは同居していなくても利用でき、今回の改正法ではさらには同居していない、扶養義務のない祖父母についても利用が可能となる。そのため、場合によっては、他の親族が介護している親や祖父母の介護を理由として「所定外労働の免除」を申請する若い社員が出てくる可能性がある。もちろん、介護のためであれば制度を利用することはさまたげられるものではないが、長時間労働の職場では、実際には介護への関与が低い社員の「残業逃れ」のための制度申請が増えてしまうリスクがある。残業は、まったく無くなるものではないが、日本企業においては、社員の納得感の低い残業や、初めから残業ありきの働き方になっていることによって長時間労働になっている職場も少なくない。こうした職場では残業を回避する理由として、介護のための両立支援制度が利用され、そのことによって、職場のモラルダウンを引き起こす可能性がある。

そうした課題を回避するためには、育児や介護を行う社員だけでなく、全社員を対象とした働き方の見直しにより、効率的でメリハリのある働き方を可能とすることが必要である。さらには、社員が自らの仕事の進め方や働き方に裁量を持ち、その上で誠実に職場に貢献した社員が報われると感じられる人事制度等の整備を行うことが必要である。

④ 時間短縮となる場合は、短時間だけでなく短日勤務の選択肢を設ける

通勤時間や、利用する通所系サービスの送り迎えの時間設定等によっては、短時間勤務が有効となる場合もある。短時間勤務については、育児と同じように1日あたりの時間を減らすタイプのみを設けている企業が多いが、月単位や週単位で日にちを減らす短日勤務という方法もある。

介護は、たとえば、週のうち平日の4日間はきょうだい等親族がみているが、週末の2日間と平日のうち1日は自分がみるという役割分担にするという場合や、介護保険サービスを週のうち4日間で限度額いっぱい利用して、間の1日は自分が支援する、という場合なども想定される。また、遠距離介護で、週末の2日にあと1日つけて、週のうち3日間は親元へ通えるようにする、深夜の介護があるため、週5日間連続で仕事をするのが体力的にきついので週の真ん中で休む、などの場合に、短日勤務の利用の可能性が考えられる。

就業規則に設定する場合、週の勤務日を1日減らすことができる、とすることも考えられるが、より柔軟な利用のためには、たとえば、労働時間を週30時間から40時間の間で設定可能とする方法がある。こうしておけば育児利用で多い1日6時間の短時間勤務であれば週30時間という選択や、1日8時間で週4日で32時間という選択、週3日は8時間で1

日は６時間の計30時間という選択なども可能となる。一方で、８時間フルタイムで働ける日は、場合によっては多少残業も可能とすることも考えられる。

⑤①～④の働き方を前提として、両立可能な介護体制づくりを検討する

先に、介護ニーズは多様なので、どこまで働き方を支援したらよいのかわからないという企業の人事担当者の声があると述べた。あらゆる介護ニーズを想定して働き方を設定するというより、逆に、いったん①～④までの働き方の選択肢を示した上で、その範囲内の働き方でカバーできるよう、介護の体制を整えることを社員に提案してはどうか。

フルタイムで働きながら介護をしている人へのインタビュー調査ではいずれの人も、平日の日中は、ほとんど介護保険のサービスでカバーをしていた。もちろん、要介護者が一人でいられる時間のある人や要介護者本人が自分でできることのある人もいたが、起き上がることも困難な状態でほぼ全面的に介護が必要な人も含めて、それぞれの要介護度に応じてサービスをうまく活用していた。また、企業の人事担当者とケアマネジャーが同じテーブルを囲むワークショップ（189頁参照）を行った際、両者の話し合いで両立支援のモデル例を作ってもらったところ、ケアマネジャーは企業の両立支援制度についてほとんど

知らず、企業の人事担当者は介護保険でどのくらいのサービスが利用可能なのかを知らなかった。たとえば、介護をする人が、自分の会社で利用可能な両立支援制度をケアマネジャーに示し、ある程度働き方を調整することを前提に両立できる介護サービスの設計を依頼すれば、ケアマネジャーの作成するケアプランは、両立をよりよく支えられるものに変わってくるのではないかと考えられる。

こうした取組みをした上で、企業の人事担当者は、両立支援制度を利用する社員の働き方とケアプランを収集し、社内の両立事例として知見を積み上げ、共有していくことが求められる。その上で、もう少し柔軟な働き方の選択肢があれば対応できる問題があるとなれば、働き方支援の拡充を検討してもよいだろう。その時には、実際の両立事例を踏まえた社員の利用ニーズに即した方策が具体的にみえているはずである。

⑥遠距離介護やその他特殊事情に基づく困難事例は①〜⑤の対策を踏まえて検討する

遠距離介護やその他特殊事情に基づく困難事例については、⑤の方策をとった上で、さらにどのような対応が必要なのかを検討することになる。遠距離介護と一口に言っても、今は同居しており、介護の必要もないが、親を置いて海外赴任するのは不安、といったものから、遠方に住む親の介護のために定期的に通いたいというものまで、様々であろう。遠方の親とのコミュニケーションや安全を確認するための機器やサービスの活用も考えられる。遠距離介護は、重要なテーマであることは間違いないが、遠距離介護やその他困難な事例からまず考えてしまうと、両立のためのハードルが全体に上がりすぎてしまい、不安をあおることにもなりかねない。同居・近居での両立がきちんとイメージできるようにした上で、遠距離問題への対応を示すべきであろう。

また、勤務地限定正社員制度を導入する企業では、介護のための転勤の配慮について、不公平感が出ないような運用を検討する必要がある。育児も介護も、「育児・介護休業法」で転勤の配慮が定められているが、育児のために若年の女性が転勤の可能性を拒否した場合は限定正社員として無限定正社員と処遇が異なるが、介護のために中高年社員が転勤の可能性を拒否した場合は、処遇が変わらないということになると、不公平感を招きかねない。介護のための転勤配慮は、すでに若い層での運用例も出てきている企業があることから、今後軋轢が生じる可能性がある。転勤の可能性だけで処遇をあらかじめ変えるのではなく、実際に必要な転勤に応じられたかどうかの結果をもって評価するような考え方が必要となってくるのではないか。

3　平成24年度厚生労働省委託事業として実施した。従業員101人以上の農林水産業、鉱業、公務を除く全業種5100社を対象に郵送配布、回収にて実施した。

調査実施時期は2012年9月～10月。回答企業数は967社、回収率19・0％であった。

4　介護休業給付金の支給額は、原則として賃金月額の40％である。

5　本調査における、離職者は、現在40歳代・50歳代で、過去に介護を機に離職した人であることから、離職時期には、ばらつきがある。

6　本来は、要介護と認知症の有無を組み合わせた介護状態別にサービスの利用割合を把握したいところだが、今回の調査のサンプル数では、そこまで区分することはできなかった。今後の調査課題としたい。また、個々のサービスの利用割合だけではなく、利用組み合わせパターンも把握できるだけのサンプル数を確保する調査が必要と考えられる。

〈コラム①　介護サービスの利用状況～個人の両立事例より〉

フルタイムで働きながら介護をしている人たちの介護状況を紹介する。

●要介護5の父と同居

平日の昼と夕方、土曜日の昼に訪問介護サービスを利用（1回の訪問あたり1時間程度）。自分が朝5時半に起床して昼食・夕食を作っておき、ホームヘルパーには食事の温めと介助をお願いしている。土曜日にホームヘルパーが来てくれると、外出して家の用事等を済ませることができる。その他、週1回訪問入浴サービスを利用。訪問介護とは別の事業所に依頼している。費用は介護保険の限度額内に収まっている。

●要支援2の父と同居

月曜（13時～14時半）、火曜（14時～16時）、水曜～金曜（15時～16時半）に訪問介護サービスを利用しており、食事の用意や掃除が中心である。その他、週1回、訪問リハビリテーションを利用している。介護者は、平日は朝6時から20時近くまで不在である。最近自分が入院した際は、ケアマネジャーとホームヘルパーに父親の生活をサポートしてもらった。

●要介護3で認知症の母と同居

訪問介護サービスを利用している。通所リハビリテーションに行く日は夜のみ、それ以外の日は朝・昼・夜に自宅にホームヘルパーに来てもらい、身体介護や、夜は食事の支度や戸締りをお願いしている。何かあったときのために、最近ショートステイの利用を試みた。デイサービス2事業所、訪問介護サービス4事業所、ショートステイ1事業所とそれぞれ別の事業所を利用している。平日のサービス利用の他に、土日に外出をせざるを得ない場合等には、支給限度額を超える分を全額自己負担で利用している。また、朝・昼・夜の合間の時間帯の「見守り」（全額自己負担）を利用することも多い。

●要介護4の夫と同居

平日の日中は、小規模多機能型居宅介護事業所に通所している。ケアマネジャーの訪問は月1回（毎月20日過ぎ）。ざっくばらんな話も含め、いろいろ相談している。

●要支援の父母と近居

介護保険サービスは、住宅改修と福祉用具のみ利用。玄関と寝室に手すりを設置し、母親が車いすを使用している。食事の準備、買い物、掃除などの負担が大きいため、家事支援に関わる部分でできればサービスを利用したい。

●認知障害のみられる母と同居

月曜～土曜まで通所リハビリテーションを利用している。レクリエーション主体の事業所（8時40分～17時半）、リハビリテーション主体の事業所（9時40分～15時半）の2か所を利用している。サービス利用の際に入浴もお願いしている。通所リハビリテーションは介護保険の限度額内におさまっている。一度、試しに利用したショートステイは介護保険外（自己負担）だった。

（出所）厚生労働省「仕事と介護の両立支援推進のためのアイディア集（平成24年度　両立支援ベストプラクティス普及事業）」より（一部修正）

〈コラム②　企業の両立支援制度の利用状況　～個人の両立事例より〉

●通院や旅行のため、年10回程度年次有給休暇を取得する。半日単位で取得することが多いが、父親の病院の検査終了時間が午後になるときは、1日単位で休むこともある。介護休業や介護休暇について聞いたことはあるが、あまりよく理解しておらず、また（今のところ）必要としていない。

●急に休みを取らなければならないときは、なるべく年次有給休暇を利用するようにしている。また、勤務を1日中休むことをできるだけ減らし、時間休で対応している。父親が入院したときは、母親のケアをするため、3か月間の介護休暇を取得したり、短期介護休暇（5日間）を取得したりすることで対応した。母親を介護しているときは、月に1度、ケアマネジャー、訪問看護師、訪問介護事業所（2か所）と訪問入浴事業所のコーディネーターが集まるカンファレンスがあり、出席する必要があった。そのときには、仕事を調整して、なるべく休まないで済むようにした。

●フレックスタイム制度を利用している。当社では、介護を理由にフレックスタイム制度を利用することができるが、以前はそれが明文化されていなかった。介護を理由とした制度利用が明文化され、今はどの組織でも利用できるようになった。父親が倒れたとき、転院するとき、亡くなったときなど、急激な変化が起こったときに介護休暇（積立特別有給休暇）を利用した。年休を自分の休養のために確保しておけるので、介護の理由で積立休暇が利用できるのはありがたい。介護のときは積立休暇を利用、自分の用事があるときは年休を利用と使い分けをしている。

●約7か月間の入院期間中（急性期病院・リハビリ病院）は、原則、時間を調整しながら勤務を続けた。長期休暇を取得したのは7月の1週間のみ、最初の約3か月間には、手術、退院、リハビリ病院の面接、転院のために5～6日間の休暇を取得した。いずれも介護休暇（積立特別有給休暇）を利用し、年次有給休暇はなるべく使わないようにしたいと考えていた。

●事故で介護が必要となったときに、3か月間の介護休業を取得し、介護保険の申請手続、兄弟との話し合い、役割分担の調整を行った。かかりつけ医の受診日（月1回）は、年次有給休暇を取得している。午後からの受診であっても、午前中に平日にしかできない銀行等の用事を済ませている。

●仕事の帰りに両親の家に寄ることができるよう、勤務時間を30分繰上げている。帰ると、ちょうど夕飯を食べている最中で、食事の後片付け、次の日に必要なものの準備、足りないものの買い出しなど、家事の支援を行っている。両親の家には、毎日寄っている。勤務時間を30分早めることで、父母の家に余裕を持って寄ることができるという安心感を得られる。通院への付き添いは、予約日が決まっているため、事前に有休を申請し、仕事の調整もできる。

（出所）厚生労働省「仕事と介護の両立支援推進のためのアイディア集（平成24年度　両立支援ベストプラクティス普及事業）」より（一部修正）

Ⅳ章

両立に直面した人への支援

Ⅳ章　両立に直面した人への支援

実際に仕事と介護の両立に直面した人が制度を利用する際の支援としては、企業はどのような取組みを行っているのであろうか。

①企業が行っている支援

(1) 両立支援制度利用の円滑化

両立支援制度を円滑に利用するための取組みとして、すでに行われている支援としては(図表1)、「制度利用開始時に、職場の上長や人事担当者と面談を実施」がもっとも多く、次いで「職場の管理職等が、日頃から介護だけでなく部下の個人的な悩みなどを聞くよう周知」が多い。いずれも3割強の企業で実施されている。「管理職が部下の個人的な悩み

図表1　両立支援制度の運用方策　n=967

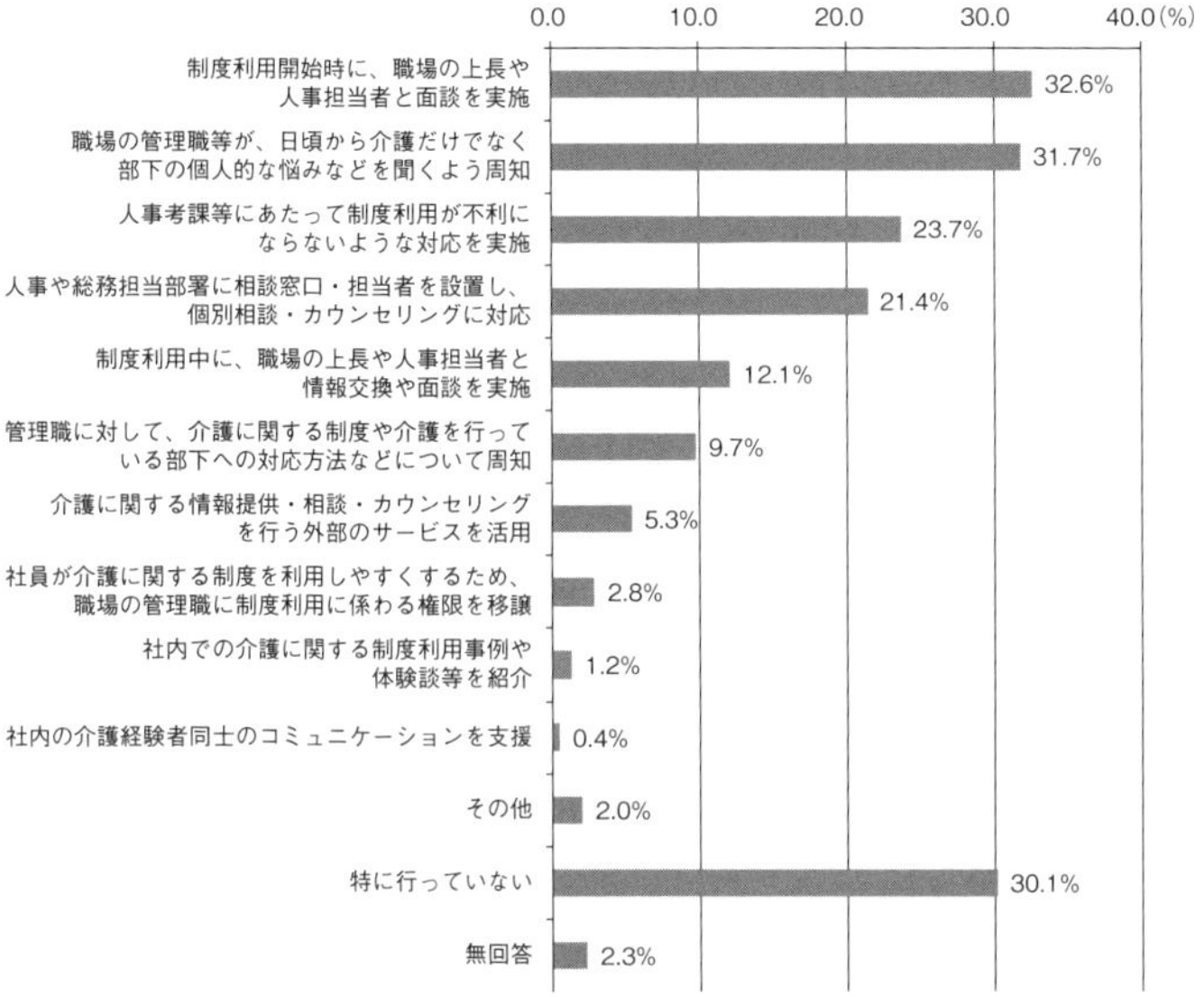

（出所）三菱UFJリサーチ＆コンサルティング「平成24年度両立支援ベストプラクティス普及事業（仕事と介護の両立に関する企業調査）」（厚生労働省委託事業）2013年3月

を聞く」というのは、かつては自然に行われていたことかもしれないが、最近では、社員のプライバシーに関わることは立ち入らない、といった考え方から、「聞かないように」という風潮になっていたとみられる。そのため、あえて「周知」をして、「悩みを聞く」ことを推奨しているというわけである。また、人事異動等に関する自己申告制を導入している企業では、転勤の配慮にかかわらず、働き方に関わる何らかの事情がある場合は、申告できるようにして、これをきっかけに、上司と部下が話し合い、育児や介護に限らず社員の多様なニーズを汲み取ろうとしている企業もある。

相談関連では、「人事や総務担当部署に相談窓口・担当者を設置し、個別相談・カウンセリングに対応」は2割強の企業が実施しているが、「介護に関する情報提供・相談・カウンセリングを行う外部のサービスを活用」している企業は5・3%と、まだ少ない状況である。また、こうした取組みをいずれも「行っていない」企業も3割にのぼる。

「制度利用中に、職場の上長や人事担当者と情報交換や面談を実施」している企業は1割強であるが、欧州の企業の取組み事例をみると、特に、この点に注意を払っている。欧州の企業を対象とした調査[7]では、仕事と介護の両立の課題に直面した社員は、年齢層からみて、子育てに直面した社員よりも、今後の就業継続に対する意識が低くなりがちなため、両立に対する意識を高める必要性が高いとされている。このことから社員にはなるべく長期の休業に入らず、働きながら両立できるよう働きかけるが、長期の休業に入った場合には、日本では育児休業者支援として導入されているようなIT活用による情報提供やコミュニケーション等を行っている。また、長期の休業から復帰する社員に対しては、教育訓練やセミナー、休業期間中のブランクを埋めるための支援、キャリアプランニング支援や、

図表2　介護について相談した人

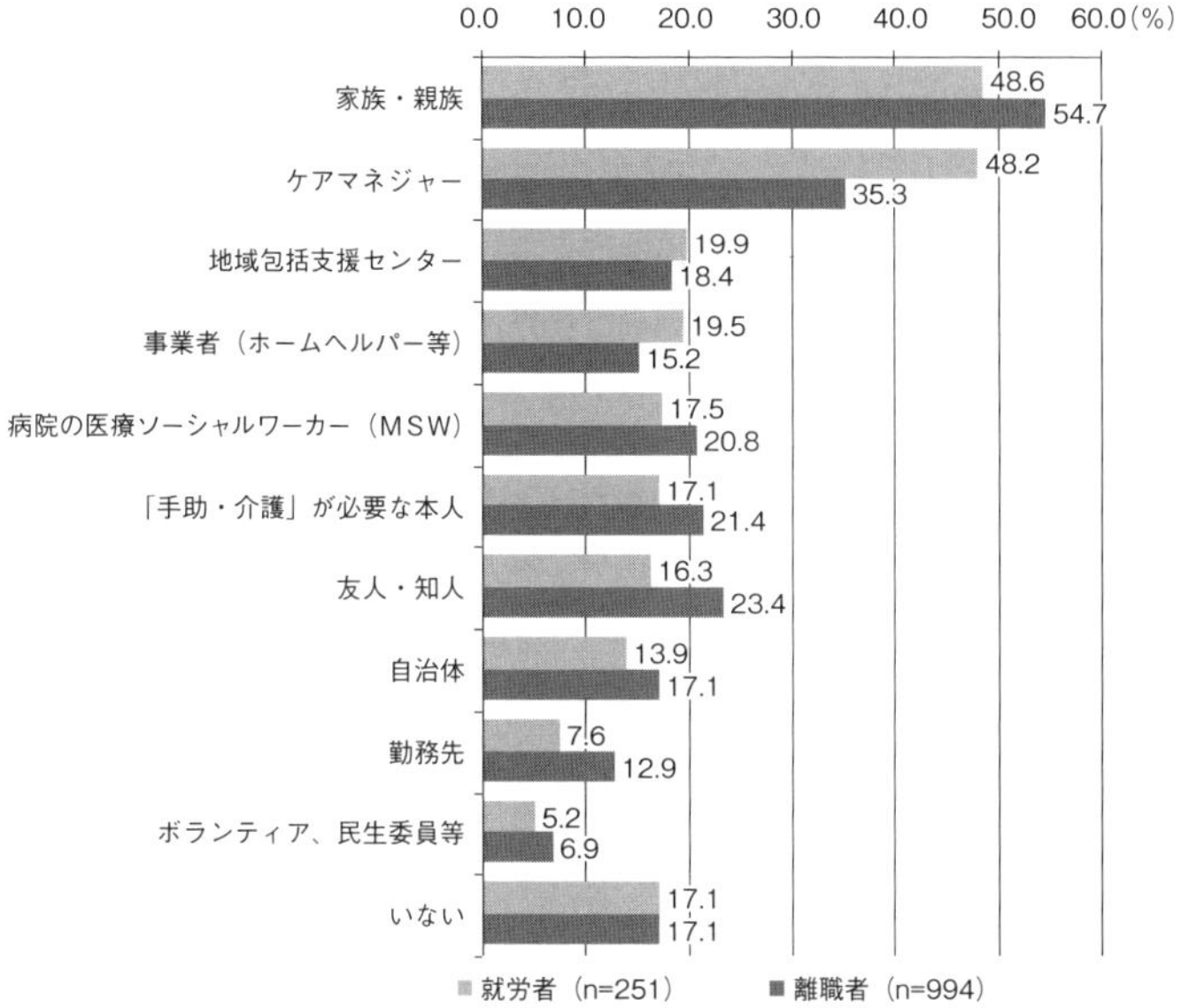

（出所）三菱UFJリサーチ＆コンサルティング「仕事と介護の両立に関する実態把握のための調査研究（労働者調査）」（厚生労働省委託事業）2013年3月
注：「離職者」は離職前に相談した人。

仕事と生活の両立を可能にするオプションを紹介するプログラムなどを実施している欧州企業もある。

日本の調査に話を戻すと、介護をしている人が、「相談した人」は、現在働きながら介護をしている人も、離職した人も「家族・親族」という答えがもっとも多い（**図表2**）。次いで、「ケアマネジャー」が多く、特に、現在働きながら介護している人では、5割近くがケアマネジャーに相談してい

図表３　管理職が仕事と介護の両立支援制度を利用したことによる長期的な昇進・昇格への影響

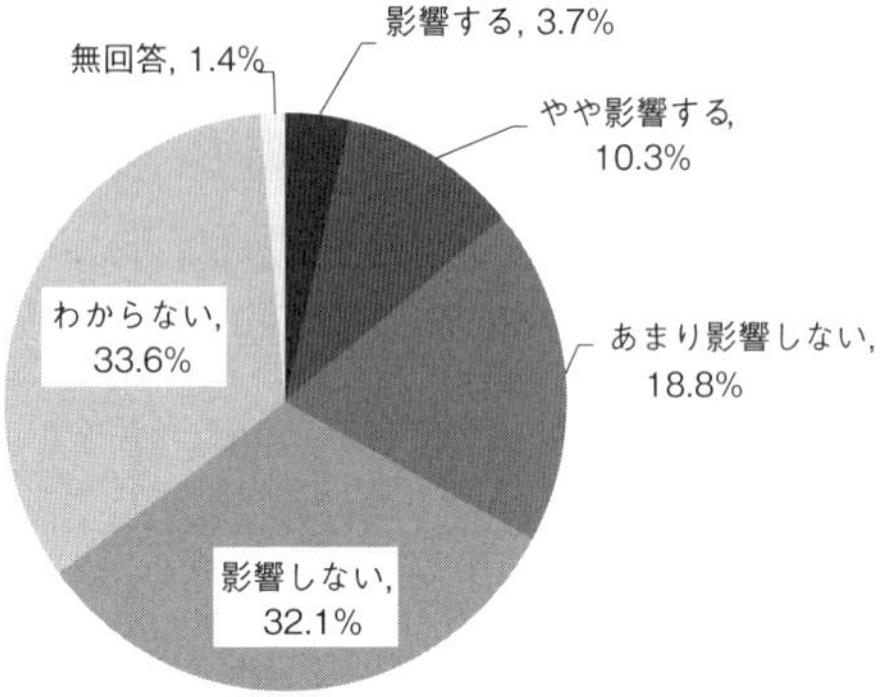

（出所）三菱UFJリサーチ＆コンサルティング「仕事と介護の両立に関する実態把握のための調査研究（労働者調査）」（厚生労働省委託事業）2013年３月

る。一方で、「勤務先」に相談している人は、現在働きながら介護している人で５・２%、離職した人でも12・９%と少ない。勤務先に相談せずに辞めてしまっている人が多い状況がみてとれる。企業の人事担当者へのインタビューでは、「相談窓口を設けても相談が出てこない」といった声も聞かれるが、企業の両立支援の姿勢をアピールし、支援取組みを進めている企業では、相談や職場内で介護について話す社員が増えてきている。

また、先の両立支援制度の運用方策では（131頁**図表１**）３番目に多い取組みとして、「人事考課等にあたって制度利用が不利にならないような対応を実施」が挙げられていた。

図表4　介護に関する経済的支援制度の導入状況

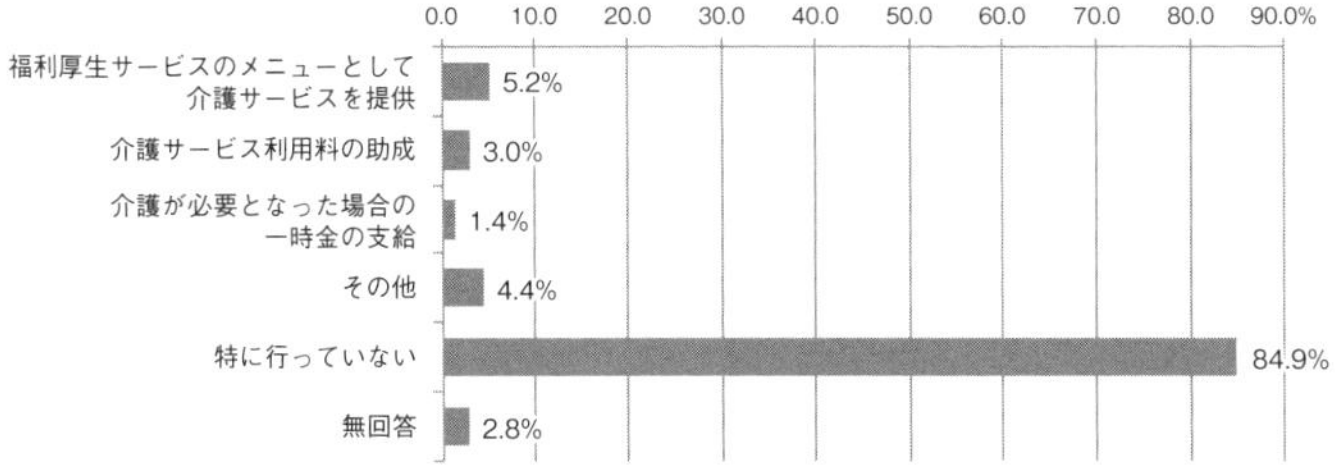

（出所）三菱UFJリサーチ&コンサルティング「平成24年度両立支援ベストプラクティス普及事業（仕事と介護の両立に関する企業調査）」（厚生労働省委託事業）2013年3月

これに関連して、別の設問で、管理職が仕事と介護の両立支援制度を利用した場合、長期的な昇進・昇格に影響があるかどうかを聞いたところ（**図表3**）、「あまり影響しない」「影響しない」と答えた企業が合わせて5割と多いものの、「わからない」と答えている企業も3割を超えている。制度があっても、利用した場合に評価にどのような影響があるのかわからなければ、利用が躊躇される可能性がある。

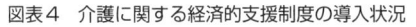

(2) 働き方以外の支援（経済的支援）

これまでに挙げた働き方の支援制度以外に、介護に関する経済的な支援制度を導入している企業もある。「育児・介護休業法」においても、「勤務時間の短縮等の措置」の選択肢の一つとして位置付けられているが、実際には8割以上の企業が取り組んでいない（**図表4**）。取組み

図表5　介護費用の負担の有無：就労者（介護を必要とする父母有）

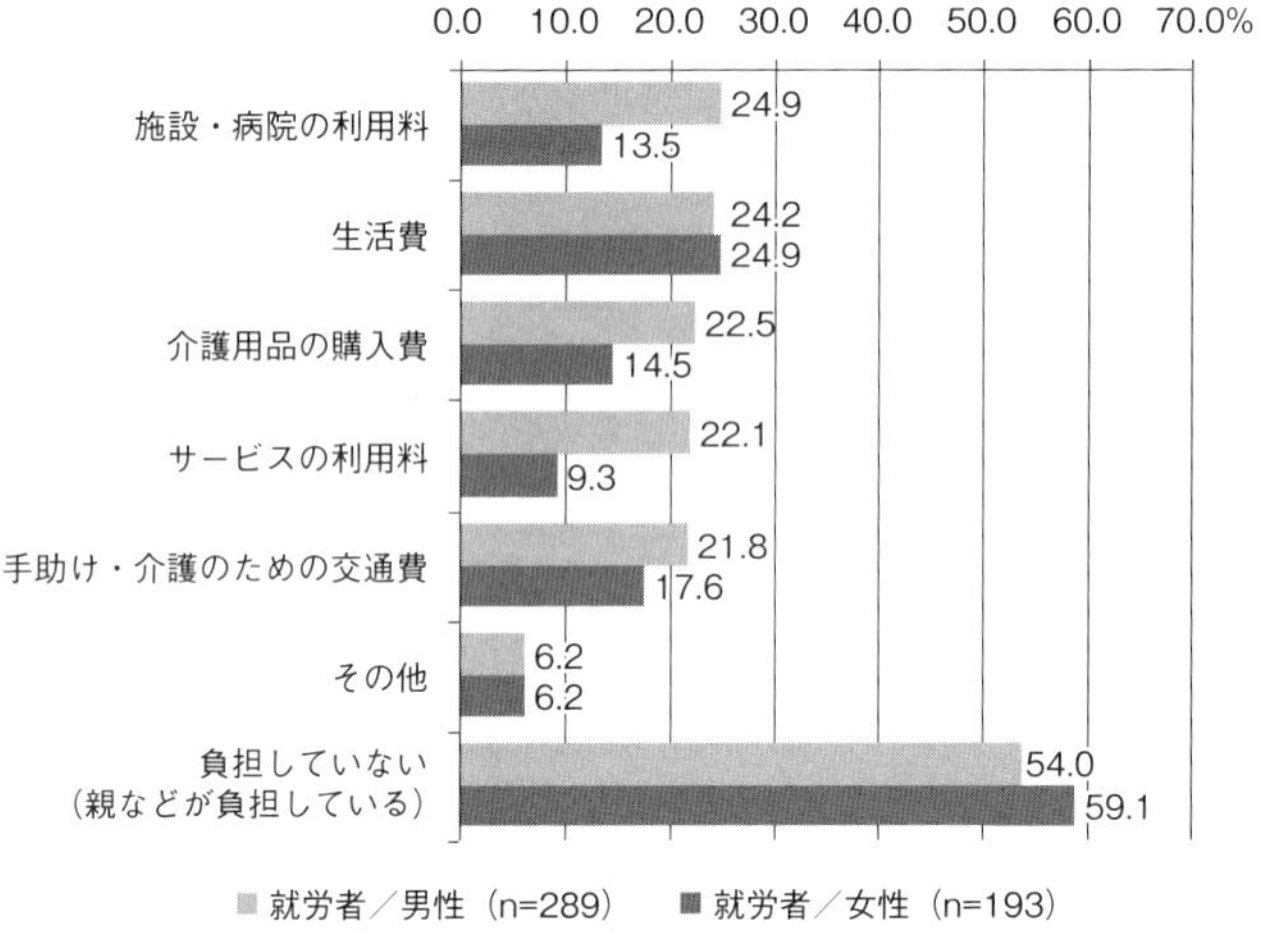

（出所）三菱UFJリサーチ＆コンサルティング「仕事と介護の両立に関する実態把握のための調査研究（労働者調査）」（厚生労働省委託事業）2013年3月

方としては、「福利厚生サービスのメニューとして介護サービスを提供」「介護サービス利用料の助成」「介護が必要となった場合の一時金の支給」などである。インタビュー調査を行うと「経済的支援をすべきかどうか迷っている」という企業の人事担当者の声が聞かれる。

一方で、現在介護を必要とする父母を持つ正社員が、介護費用を負担しているかどうかを聞くと、男性で5割強、女性で6割近い人が「負担していない」と答えている（**図表5**）。負担している人は、具体的に何に出費しているのかをみると、男性では、「施設・病院の利用料」「生活費」「介護用品の購入費」「サービスの利用料」「手助け・介護のための交通費」が、いずれも2割強となっている。女性は「生活費」への出費割合が比較的高いが、男性ほど出費している費目は多くはない。きょうだい間での経済的負担については、長子であるか否かを問わず、男きょうだいが負担する傾向がみられる。一方で、介護を担うのは、やはり長子であるか否かを問わず、女きょうだいの役割になっている傾向がみられる。しかし、きょうだい数が減っていく中でこの役割分担も変化していくことが予想される。

いずれにしろ、実態として「施設・病院の利用料」や「サービスの利用料」など、介護にかかる費用については、要介護者である父母自身が負担している割合が高く、本来、介護を要する費用は要介護者本人が負担することが原則と考えられることからも、これらを子の勤務先が支援すべきかどうかは、議論の余地があろう。

(3) 精神的サポート

図表1でみた両立支援制度の運用方策では、「社内での介護に関する制度利用事例や体験談等を紹介」や「社内の介護経験者同士のコミュニケーションを支援」をしている企業は、わずかであったが、労働者を対象としたアンケートの自由回答では、介護者の「精神

的なサポート」を期待する意見が多く寄せられた。介護は長期にわたり将来の状況が読めないことによる不安があることや、時間制約のある中で働いていると、職場で周囲とのコミュニケーションを図る余裕が失われがちなことなどから、介護をしながら働く社員の精神的なサポートも重要な課題である。

図表1では、「人事や総務担当部署に相談窓口・担当者を設置し、個別相談・カウンセリングに対応」という取組みを実施している企業は2割であったが、実際には、窓口は設置されていても、個別相談やカウンセリングまで対応できている企業は少ないとみられる。

欧州の企業事例では、介護者のメンタルヘルスに注目した取組みが重視されている。社内では、介護者同士のネットワークを作り、話し合う機会を提供したり、外部の専門家と提携し、相談やカウンセリングが受けられる仕組みを提供している。また、コミュニケーションに関しては、介護者同士だけでなく、職場の同僚とのコミュニケーションを促し、サポートを得やすくなるよう「同僚との交流の仕組み」を作っている企業もある。[8] これは、介護をしている社員と同様なポストにある同僚と交流してもらい、経験を共有し、互いに協力し合うことを目的としたものである。実際に仲間を組むことが難しく運用には課題があるようだが、ユニークなアイディアであり、介護者同士だけでなく、職場内でのコミュニケーションを円滑化しようとする視点は重要であろう。介護者同士のネットワークでは、社内だけでなく、地域や国全体の介護者ネットワークへの参加を促している企業もある。

2 期待される支援

企業の取組みとして今後期待される支援としては、次の８つを挙げる。

①相談窓口・担当者の設置
②仕事と介護の両立支援制度の周知・利用手続き支援
③管理職の理解促進・面談力向上
④制度利用者の個別相談・カウンセリング
⑤休業者の復職支援
⑥社内外のネットワーク形成・コミュニケーション促進
⑦両立事例の収集・共有

(1) 相談窓口・担当者の設置

窓口については、すでに人事や総務担当部署が両立支援を行っている場合であっても、相談窓口の一元化と明確化を目的に、きちんと窓口を設定をして周知することが重要である。窓口の役割としては、会社の両立支援方針を伝えること、社内制度を知らせることはもちろんであるが、これらに加えて、寄せられた相談内容を収集し分析することも重要である。一般に企業では、受けた相談の情報を受けっぱなしにして、蓄積していない。個人のプライバシーに関わる情報は別として、仕事と介護の両立において社員にどのような悩みがあるのか、それらの悩みにどのように対応したのか、といった情報は、相談対応の質の向上に役立ち、さらには会社としての今後の両立支援のあり方の検討にも資するものである。情報を発信するだけではなく、情報収集の窓口としても機能することが期待される。

また、介護についての専門的な相談や、地域ごとに異なる介護事業者等の情報については、社内の窓口で提供することは困難である。直接的な介護については、要介護者の居住する地域の市区町村の窓口にまずは相談するように勧める必要がある。地域によっては、市区町村の高齢者担当窓口が対応する場合と地域包括支援センターが対応する場合があるが、とりあえずは、市区町村の窓口へ連絡するのが基本である。これは当たり前のことのようだが、実際には市区町村の窓口に相談していない人も少なくない。病院のメディカルソーシャルワーカーに紹介されたケアマネジャーに直接相談して、そのまま介護保険の認定手続きをして、という場合もあるが、こうした手続きだけだと、そのケアマネジャーと相性が合わなかった場合に、他のケアマネジャーに変えられるということを知らなかったり、介護事業者も選べるということを知らなかったりする。最初から相性の合うケアマネジャーや介護事業者に出会えればよいが、そうでない場合に、両立をあきらめてしまうことにつながりかねない。介護に関する地域の情報を正しく広く収集することを勧めることが望ましい。

(2) 仕事と介護の両立支援制度の周知・利用手続き支援

社内の両立支援の制度については、ただどのような制度があるかを知らせるだけではなく、制度をどのように使ったらよいかを提案することも重要である。特に、介護休業制度の目的については、働きながら介護をすることを前提に、介護体制を作るために活用するものであるという説明が必要である。また、両立支援の制度があることは、介護に直面する前の情報提供や研修で周知していても、具体的な支援施策の内容についてまでは、いざ、介護に直面してからでないと理解できないことも多い。そのため、実際に直面した際に、わかりやすく制度の内容や趣旨、利用方法について知らせることが重要である。また、育児と異なり、事前に準備ができることでもなく、突然介護に直面してあわただしい中での制度利用となるため、手続きの流れや必要書類等について簡便に把握できる情報提供等の支援も必要であろう。

(3) 管理職の理解促進・面談力向上

制度の理解については、一般社員への周知も重要であるが、管理職層への理解を広めることが、より重要である。会社が仕事と介護の両立を支援するという方針を管理職が理解した上で、日頃の部下の様子や面談等の機会を通じて、社員の介護の不安や問題を把握することが期待される。仕事と介護の両立支援を始めて間もない企業では、人事等に相談が上がってこないことが多いため、会社の支援制度を十分知らずに離職を考える社員がいると考えられる。そうした社員の悩みを発見し、相談に乗って、人事等の窓口につなぐ管理職の役割は重要である。管理職を対象に、制度の理解促進と同時にどのように部下のプライバシーに配慮しながら親の介護などの状況を把握するかといった面談におけるノウハウを学ぶ機会を提供することも必要であろう。

また、「育児・介護休業法」に基づく介護休業や介護休暇は、一定の要件に該当する契約社員やパート・アルバイトなど有期契約の期間雇用者にも適用される。こうした期間雇用者の雇用管理は、職場単位で行われていることが多いため、期間雇用者の介護休業や介護休暇の取得の申請や相談が、人事担当部署まで上ってこない可能性もある。管理職の理解が足りずに、取得可能な期間雇用者であるにもかかわらず申請を却下してしまったり、両立支援に否定的な対応をしてしまう可能性もある。「育児・介護休業法」には罰則規定もあるため、こうした対応によって、コンプライアンス上の大きな問題となってしまう可能性もあり、人事としての対策が必要である。

(4) 制度利用者の個別相談・カウンセリング

相談窓口に来た制度利用希望者については、直面している問題状況に応じて、個別相談やカウンセリングの対応が必要である。必要に応じて、本人とその上司、人事担当者の三者で、今後の働き方について調整を行うことも考えられる。介護についての個別相談やカウンセリングは、外部機関を紹介するか、外部機関との提携により直接相談ができる仕組みを作ることが考えられる。

(5) 休業者の復職支援

女性の育児休業の場合、1年前後と長期にわたる場合が多いことから、休業前、休業中、休業復帰時の支援を実施している企業も少なくないが、介護休業については、まだ利用者も少なく、利用期間も今のところ1週間程度が多いことから、このような復職支援はあまり実施されていない。復職支援をする目的には、職場への円滑な復帰のため、復職意欲を高めることと、休業期間のブランクによる不安を解消すること、復職後の働き方について調整を行うことがある。介護休業は、1年近く取得して自身で介護に従事すると復帰が困難なことから、長期化することは勧められないが、1週間から数か月程度の休業であったとしても、特に、復職への意欲を高める目的と復職後の働き方の調整を目的とした支援が必要と考えられる。休業に入った人が、介護を一人で抱え込んだり、復職に向けての介護体制づくりがうまくいかない状況に陥っていないかを把握し、うまくいっていないようであれば、面談の機会等を持って適切なアドバイスを行うことが求められる。復職時には、働きながら介護を続けていく上で、働き方の工夫と介護の体制がうまくかみ合っているかどうかを、人事担当者、管理職、本人とで確認し、緊急時の対応等も検討しておくことが望まれる。

(6) 社内外のネットワーク形成・コミュニケーション促進

介護に直面している社員の精神的不安に対処し、社内で情報共有やコミュニケーションを図ることができる介護者のネットワークを形成することが重要となる。すでに実施している企業では、介護に関する研修や情報提供を実施した際に、参加者同士の話し合い（ワークショップ）の時間を設け、こうした集まりを機に、介護者同士がつながるように働きかけを行っている例がある。働きながら介護をしている人は、地域などで介護者同士のネットワークに参加する機会も得にくいことから、会社でのネットワークづくりが必要となる。ただし、社内では話しにくいという人もいることから、社内に限定せず、社外のネットワークを紹介することも考えられる。日本においては、まだ働きながら介護する人同士の社会的なネットワークが形成されていないことから、近隣事業者同士で協力し合って、企業が共同でネットワークづくりを進めていくことも考えられる。

また、介護者同士だけではなく、職場の同僚と介護者の間のコミュニケーションの円滑化の工夫等も必要である。夜の会合等に参加しにくい介護者のために、管理職等がランチの声かけをして、職場内コミュニケーションの機会を持つケースもある。介護をしながら働く人の体験が、他の社員の将来の備えになることも期待される。

(7) 両立事例の収集・共有

相談等から収集した「社員の両立事例」を共有することが重要である。多様な働き方が可能な両立支援制度があっても、初めて介護に直面した人は、どのようにそれらの制度を活用すれば両立が可能になるのかわからない、両立できるようなケアプランを作成してもらうためにケアマネジャーにどのように相談すればよいのかわからない、といった悩みがあると考えられる。そうした悩みに応えられるよう、両立事例については、働きながら介護をしている人が、ある程度両立生活のペースができてきた段階で、以下のような情報を収集するとよい。ただし、あくまでも本人が話してもよいと思う範囲で答えてもらうことが必要であり、すべての内容が整わなくてもかまわない。

●両立事例の把握項目（例）

1　介護を必要とする方の状況（年齢、性別、要介護度、認知症の有無）
2　介護を必要とする方の今の居場所（同居・近居・遠距離、在宅 or 施設）
3　介護が必要となったきっかけ（直接の原因となった疾病・けがの状況）
4　具体的にどのような手助けや介護を必要としているか
5　当初不安に思っていたこと
6　相談した相手
7　利用している介護や予防サービス、親族や地域の支援
8　住宅改修や介護機器の導入状況

9　働き方・仕事内容の変化
10　生活の負担感（疲れ方）、働き方の満足度、現在の不安・改善希望等

また、1週間の生活の様子について、可能であれば、**図表6**のような形で図示することができるとわかりやすい。

すでに、両立している人も、さらに要介護度が進んだ場合、どのような工夫が必要になるのか不安に思っている場合もあり、両立している人の間でも、このような事例が多数共有されることで、長期的な就労継続のイメージが持てる可能性がある。

⑻ 多様な働き方を前提とした人事制度の見直し

休業制度の利用や短時間勤務や在宅勤務など、時間制約を持って多様な働き方を選択する社員が人事考課において不利とならないよう人事制度の見直しを行う必要がある。制度上の問題として、一次評価の段階から相対評価となっていると、通常のフルタイム勤務の社員との比較評価になってしまうため、時間制約のある社員が最初から不利になってしま

図表6　仕事と介護の両立イメージ：Hさんと母親（80代後半）の1週間の居場所

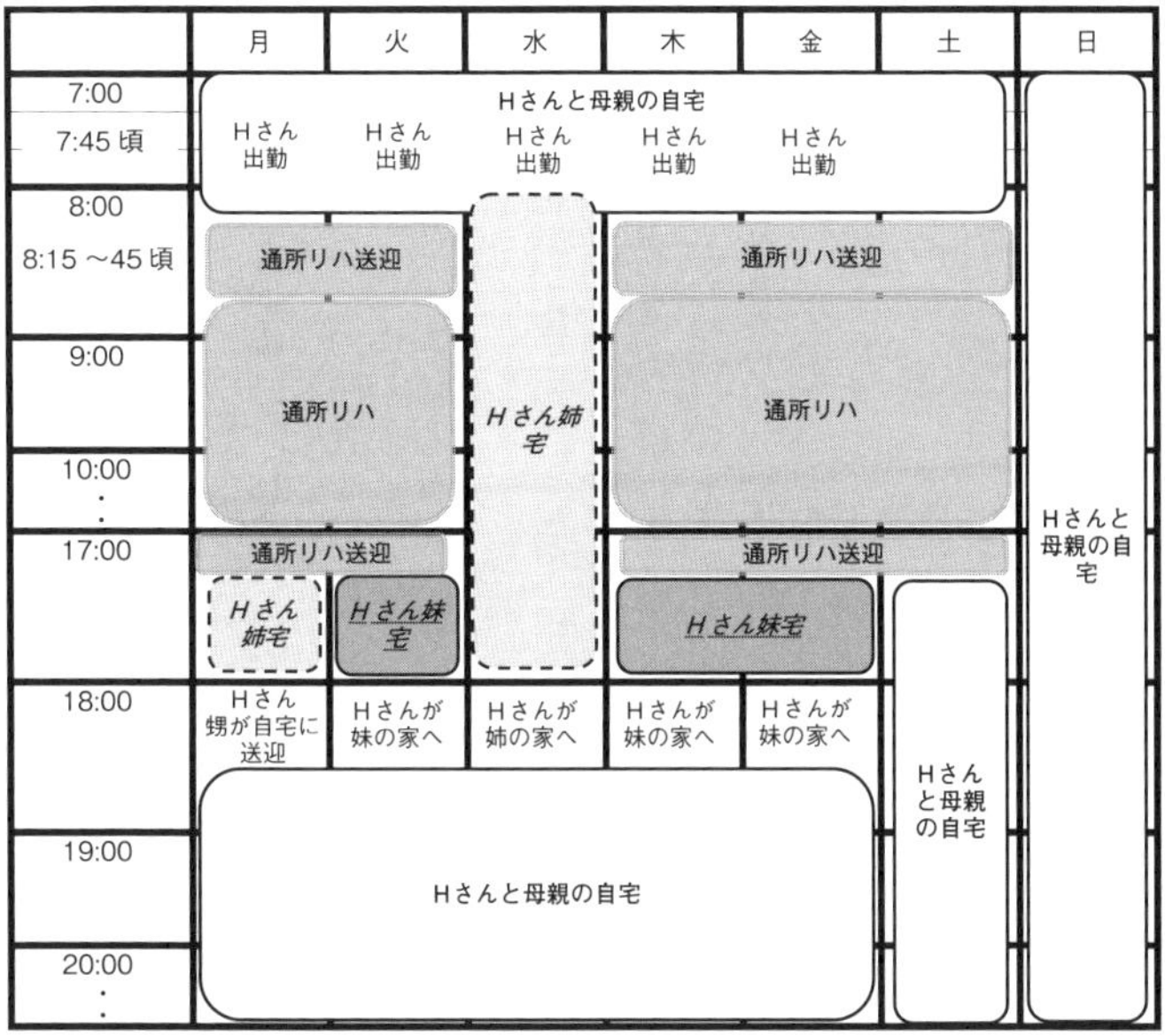

（出所）三菱UFJリサーチ＆コンサルティング「平成24年度両立支援ベストプラクティス普及事業報告書」（厚生労働省委託調査）　2013年3月
注：介護サービスの利用は、介護保険の限度額内に収まっている。

う可能性が高くなる。一方、制度上の問題はないが、運用上、管理職がうまく評価できていない場合もあるため、制度の見直しをした上で、運用ルールを明確にし、ルールを徹底する仕組みを導入する必要がある。運用上の問題の例としては、制度上は、各自の目標に応じた絶対評価となっているにもかかわらず評価者が相対評価をしてしまっているケース、長く働く人や残業の多い人を高く評価する風潮があるケース、評価のフィードバック面談等が行われていないケースなどが考えられる。運用マニュアルの作成や評価者研修等を通じて、運用改善を図っていく必要がある。また、人事考課だけでなく、キャリア形成の問題についても、時間制約のある人がどのような要件を満たせば管理職になれるのか、管理職が時間制約のある立場になった場合どのように対応するのかなどの検討も必要である。こうした課題は、介護に直面している社員だけでなく「時間制約」のある社員のすべてにあてはまることである。

7　European Foundation for the Improvement of Living and Working Conditions(2011) "Company Initiatives for Workers with Care Responsibilities for Disabled Children or Adults."

8　佐藤博樹、武石恵美子編「ワーク・ライフ・バランス支援の課題」東京大学出版会 4章[Topic4]欧州における仕事と介護の両立（矢島著）に紹介しているイギリスの企業事例。他にも欧州企業の多様な取組事例を紹介している。

〈コラム③　仕事を続ける意義と職場の理解　～個人の両立事例より〉

●介護による精神的ストレスはあるが、介護に専念するより、仕事をすることが気持ちの切り替えになり精神的に安定する。介護のために仕事を辞めてしまうのは長期的にみるとよい結果にはつながらないと思う。母親の介護を始めた当初は、職場の上司や同僚に事情を話すことはなかったが、（母親に加えて）父親の老化が著しくなったことをきっかけに状況を説明した。仕事に対するモチベーションが低下していると誤解されないよう、事情を理解してもらい、仕事や内容などアサインメントに関する相談や交渉ができる形にしたいと考えた。

●子育てと異なり、介護にはゴールがなく、「この状態がいつまで続くのか」という不安がある。「仕事を辞めれば楽になるのではないか」と思うこともあるが、実際に辞めてしまったら、情報がなくなり、追い詰められてしまうだろう。職場の上司や同僚には、「隠していても仕方がない」と思い、早い段階から現状を話した。同僚は利用できる制度を教えてくれるなど励ましてくれる人が多かった。仕事上も戦力外扱いをしないでもらえるのがありがたかった。

（出所）厚生労働省「仕事と介護の両立支援推進のためのアイディア集（平成24年度両立支援ベストプラクティス普及事業）」より（一部修正）

Ⅴ章

ワーク・ライフ・バランスを実現するための働き方改革

Ⅴ章　ワーク・ライフ・バランスを実現するための働き方改革

1 両立支援制度だけでなく働き方改革が不可欠

社員が介護の課題に直面したとしても仕事と介護の両立が可能となるためには、社員一人ひとりがワーク・ライフ・バランス（以下、ＷＬＢと略記）を実現できる職場とすることと、つまり働き方改革が不可欠である。この点は、仕事と介護の両立と仕事と子育ての両立の両者に共通した課題となる。職場の管理職は、ＷＬＢを実現できる職場づくりを、自分の課題としては理解できずに、部下のための取組みと考えている者が多い。しかし、仕事と介護の両立のためにも働き方改革が求められることを管理職自身が理解することは、働き方改革の推進にとってきわめて有効となる。仕事と介護の両立に取り組むことで、Ｗ

図表１　ワーク・ワーク社員からワーク・ライフ社員へ

ワーク・ワーク社員 仕事に投入できる時間に制約がない （男性の中高年に多い）
ワーク・ライフ社員 仕事に投入できる時間に制約がある （多様な年齢層に存在）

（出所）著者作成

ＬＢがすべての社員の課題として、働き方改革を本格的に進めるきっかけになる可能性がある。以上の問題意識からここでは、仕事と介護の両立支援のためだけでなく、すべての社員の課題としてのＷＬＢの内容とそれを実現するための取組みを紹介する。

ＷＬＢの必要性に関する社会的な認識は高まりつつある。しかし、企業によるＷＬＢ支援に関しては、既婚女性の子育て支援策や新しい福利厚生施策と考えられたり、育児休業などの両立支援制度を充実したりすることで実現できるものと考えられるなどの誤解も少なくない。企業によるＷＬＢ支援は、働く人々のライフスタイルや価値観の変化に対応するという観点からすれば、人材マネジメントにおいて不可欠な取組みであると同時に、男女や未既婚などに関係なく、すべての社員の仕事と仕事以外の生活を充実したものとするためにきわめて重要なものとなってきている。また、企業によるＷＬＢ支援を有効なものとするためには、育児休業や介護休業などの両立支援制度を導入することだけでなく、働き方を規定する職場における仕事管理・時間管理の改革が不可欠となる。具体的には、いつでも必要な時に残業ができるような社員像（仕事に投入できる「時間に制約のない」ワーク・ワーク社員）を前提とした仕事管理・時間管理を解消し、仕事以外にも取り組みたいことや取り組む必要なことがある社員像（仕事に投入できる「時間に制約のある」ワーク・ライフ社員）を前提としたものへと転換することが必要となる（**図表1**）。

ワーク・ライフ社員を前提とした仕事管理・時間管理へと変革するためには、管理職を含めたすべての社員一人ひとりが高い「時間意識」を持ち、メリハリのある働き方を目指すことが求められる。この点で重要なのは、仕事管理・時間管理の改革の成否を左右する鍵が、職場の管理職の職場マネジメントにあることである。

2 ワーク・ライフ・バランスとは何か

ＷＬＢの定義から説明しよう。社員がＷＬＢを実現できている状態とは、「会社や上司から期待されている仕事あるいは自分自身が納得できる仕事ができ、なおかつ仕事以外でやりたいことや取り組まなくてはならないことにも取り組めること」である。他方、「会社や上司から期待されている仕事あるいは自分自身が納得できる仕事をしようとすると、仕事以外でやりたいことや取り組まなくてはならないことができなくなること」がＷＬＢを実現できていない状態で、これはワーク・ライフ・コンフリクト（以下、ＷＬＣと略記）と呼ばれる。また、「仕事以外のやりたいことや取り組まなくてはならないことをすると、会社や上司から求められている仕事あるいは自分自身が納得できる仕事ができなくなること」も、同じくＷＬＣである。

企業の人材活用において社員のＷＬＢの実現あるいはＷＬＣの解消が重視されるようになってきたのは、ＷＬＣに直面すると、社員は仕事に意欲的に取り組むことが難しくなり、仕事の生産性や創造性が低下することが多くの研究によって明らかにされていることがある。したがって、社員がＷＬＣに陥らないように予防したり、社員がＷＬＣの状態に陥ってしまった場合には、できるだけ早くＷＬＣの状態を解消してＷＬＢを実現できるように支援したりすること、つまりＷＬＢ支援が、企業の人材活用において、人事管理セクションだけでなく職場の管理職の部下マネジメントにおいても重要な課題となったのである。

ＷＬＢに関する誤解の例をいくつか挙げると、①これまでは仕事中心の社員（ワーク・ワーク社員など）が多かったことから、今後は「仕事はほどほどにして仕事以外の生活を充実すること」だとしたり、②ＷＬＢのバランスを画一的な状態と理解して「仕事と仕事以外の生活を同程度に重視すること」だとしたり、③少子化対策として「既婚女性のための子育て支援策」だとしたり、さらには④経営状態にゆとりがある企業だけが取り組むことができる「新しい福利厚生施策」とすることなどがある。

これらはいずれも間違いであり、ＷＬＢは、特定の生き方やライフスタイルを唯一望ましいとするものでも、特定の社員を対象とするものでもない。特定のライフスタイルを望ましいとしないということは、ワーク・ワーク社員のライフスタイルを否定するものでもない。ただし、ワーク・ワーク社員しか活躍できない職場や働き方を解消することが必要であり、ワーク・ワーク社員以外の様々なライフスタイルを選択する社員、つまりワーク・ライフ社員も活躍できるようにすることがＷＬＢ支援となる。したがって、ＷＬＢ支援は、既婚女性や子育て期の社員だけでなく、すべての社員を対象とした取組みとなる。

さらに留意すべき点は、「仕事以外でやりたいことや取り組まなくてはならないこと」は、社員一人ひとりで異なり、その内容には、子育てや介護だけでなく、遊び、スポーツ、旅行、家族や友人との交流、地域活動、自己啓発、ボランティア活動など多様なものが含まれることである。さらにそれらは、社員のライフステージによって変化していくことになる。したがって、キャリア形成の特定の段階などを取り上げると、仕事だけに打ち込みたいとしてワーク・ワーク社員のライフスタイルを選択することを否定するものでもない。ただし、ワーク・ワークの働き方を望ましいものとして長期間そうした働き方を選択してきた社員、たとえば中高年層などに対しては、自分自身のこれまでのライフスタイルを見直す機会を提供することが大事になる。なぜなら、ワーク・ワーク社員もライフステージの変化によって介護の問題に直面するなど、今後、従来のライフスタイルを続けることができるとは限らないことによる。

このようにＷＬＢに関しては誤解も多いため、ＷＬＢ支援を社内で推進する際には、その内容を社員に正しく伝えることが不可欠となる。

3 企業の人材マネジメントとＷＬＢ支援の関係

企業の人材マネジメントの課題は、企業経営に必要な職業能力を保有した社員を確保し、仕事の変化などに適応できるように継続的に能力開発を行い、その社員が意欲的に仕事に取り組むようにすることである。社員の仕事に対する取組み意欲が低い場合には、保有している職業能力が十分に発揮されず、企業として期待する成果を社員から引き出すことができないことになる。こうしたことから、①社員の職業能力の開発支援と②仕事への意欲を維持・向上させることの2つが、企業の人材マネジメントの基本的な取組み課題となる。両者のうち後者の仕事への意欲を維持・向上するためのインセンティブとして企業が社員に提供するものが広義の報酬である。広義の報酬には、納得できる賃金や働きぶりの公正な評価など狭義の労働条件だけでなく、やりがいを持つことや、能力や適性を活かすことができる仕事など「仕事自体」や能力開発機会の提供、さらには希望に合ったキャリアの提供なども含まれる。言いかえれば、企業の人材マネジメントとして、社員が自分の働きによって、会社から得ることを期待している報酬を的確に把握し、それを可能な範囲で充足することが、仕事への意欲を維持・向上させるために不可欠と言えよう。

従来、男性中高年層を中心として社員の多数を占めたワーク・ワーク社員は、仕事に関わる報酬を重視していた。そのため、企業の人材マネジメントでは、そうして報酬を充実することで、社員の仕事への意欲を引き出す誘因とすることができたのである。しかし、男女ともに30歳代以下の層の間に増えてきているワーク・ライフ社員にとっては、こうした仕事に関わる報酬も重視するが、同時に仕事だけでなく仕事以外にも取り組みたいこと、取り組まなくてはならないことがあるため、そうした報酬に加えて、仕事と仕事以外の生活の両者の充実を可能とするＷＬＢ支援が重要な報酬となってきたのである。つまり、企業の人材マネジメントにおいてＷＬＢ支援が重要な課題となったのは、ワーク・ライフ社員の仕事への意欲を引き出すために、ＷＬＢ支援が不可欠な「報酬」となったことによる。

4 ＷＬＢ支援の3つの取組みとその関係

社員のＷＬＢを実現するための企業や職場の管理職によるＷＬＢ支援の内容を説明しよう。ＷＬＢ支援は、次の３つの取組みからなる。

第一は、仕事管理や時間管理に関わる職場マネジメントである。この職場マネジメントには、職場成員の人材育成とりわけ女性の能力開発や、成員間の円滑なコミュニケーションのための取組みも含まれる。第二は、ＷＬＢ支援に関わる両立支援制度、たとえば休業や短時間勤務などが円滑に利用できるための取組みである。第三は、多様な価値観やライ

図表2　3つの取組みからなるWLB支援

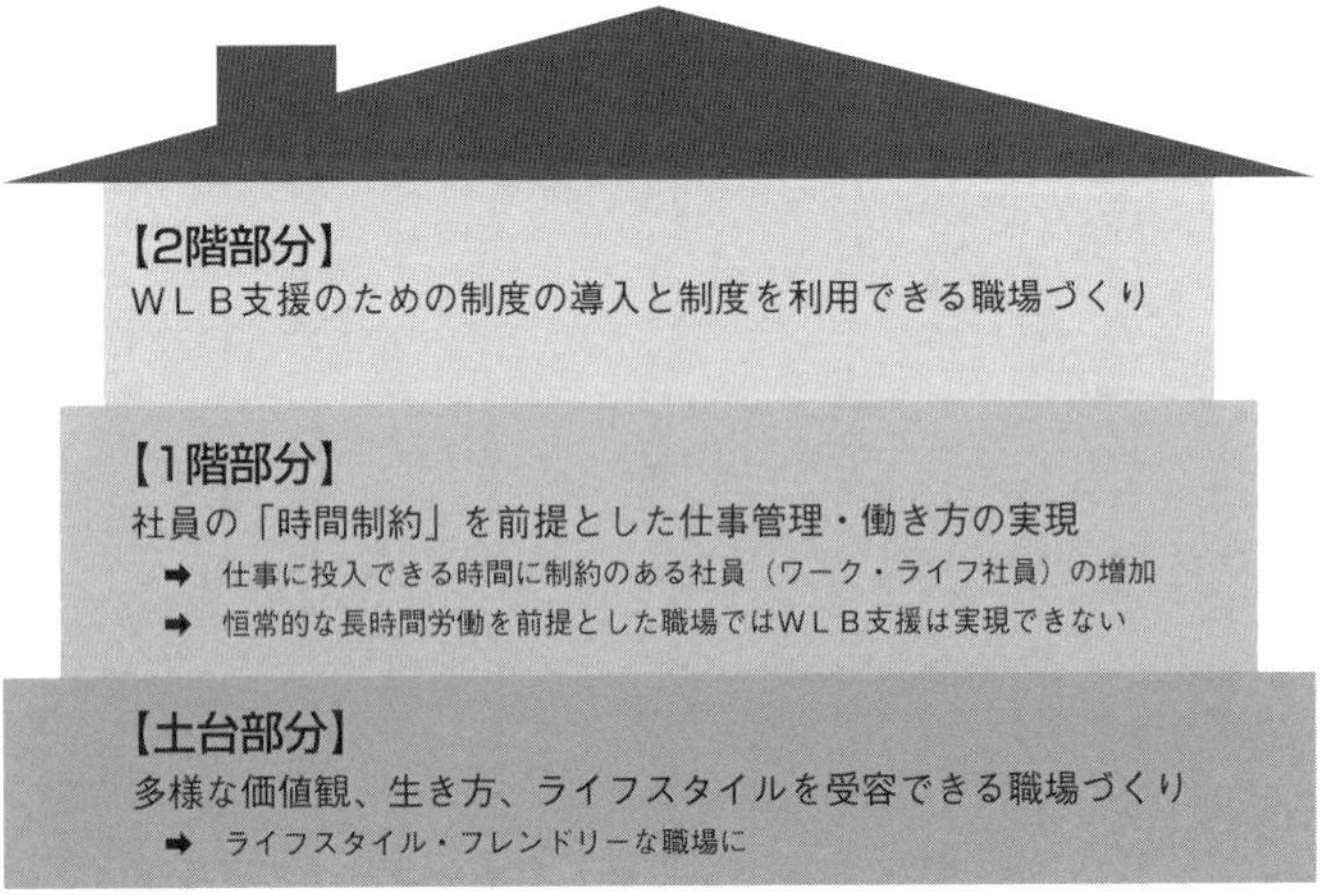
【2階部分】
WLB支援のための制度の導入と制度を利用できる職場づくり
【1階部分】
社員の「時間制約」を前提とした仕事管理・働き方の実現
➡ 仕事に投入できる時間に制約のある社員（ワーク・ライフ社員）の増加
➡ 恒常的な長時間労働を前提とした職場ではWLB支援は実現できない
【土台部分】
多様な価値観、生き方、ライフスタイルを受容できる職場づくり
➡ ライフスタイル・フレンドリーな職場に

（出所）著者作成

フスタイルの社員を受容できる職場風土づくりである。

WLB支援の3つの取組みを**図表2**のように建物にたとえれば、第一の取組みが1階部分に、第二が2階部分に、第三が土台部分に該当する。

これらのWLB支援の3つの取組みは、企業の人事セクションの取組みのみで実現できるものではない。いずれも職場の管理職のマネジメントのあり方に大きく依存する。

企業におけるこれまでのWLB支援の取組みの現状を見ると、3つのうち2階部分の取組みしかできていない企業や、さらには2階部分でも両立支援制度を導入したものの、それが利用しにくい企業も少なくない。土台と1階部分の取組みが十分なものであれば、たとえ2階部分の制度が法定水準であっても、それが円滑に活用できれば、WLB支援に関わる両立支援制度としては十分なものとなる。しかし現状は、土台と1階部分の取組みが不十分なまま、2階部分の制度を充実することでWLB支援が実現できると誤解したり、WLB支援を既婚女性の子育て支援と誤解したりしている企業が少なくない。

2階部分が充実している企業は、外部からするとWLB支援が充実しているようにみえる。しかし、土台と1階部分の取組みが不十分なため、たとえば仕事と子育ての両立を取り上げると、両立支援制度は利用できるが、1階部分の取組みが不十分なため、フルタイム勤務の働き方に戻ると仕事と子育ての両立が難しくなる。そのため、育児休業などを利用して職場復帰した後に離職したり、育児休業や短時間勤務などの両立支援制度を長期間活用することで仕事と子育ての両立を図ることを選択せざるを得なかったりして、結果として女性の活躍を阻害することになりかねない。

(1) 1階部分

WLB支援の1階部分は、仕事管理や時間管理などの職場マネジメントである。ワーク・

ワーク社員と異なり、ワーク・ライフ社員は、仕事以外に取り組みたいこと、取り組まなくてはならないことがあるため、仕事に投入できる時間に制約があることになる。そのため、ワーク・ライフ社員の「時間制約」を前提とした職場マネジメントへの転換が求められる。

ワーク・ワーク社員も1日24時間、1週7日という「時間制約」があるが、ワーク・ワーク社員を望ましい社員像とする会社や職場では、その上限までは仕事に時間を投入できるという考え方による職場マネジメントが行われていることが多い。しかしワーク・ライフ社員が増えてきたため、こうした職場マネジメントでは、ワーク・ライフ社員がWLCに陥ることになる。

「時間制約」のあるワーク・ライフ社員が仕事に意欲的に取り組める職場とするためには、これまでの仕事の総量を所与として、仕事が終わるまで追加的に時間を投入することができると考える職場マネジメントを改革することが必要となる。そのためには、仕事に投入できる時間の総量を所与として、その時間の中で仕事の付加価値を高める職場マネジメントへの転換が求められる。たとえば、①仕事に優先順位をつける、②ムダな仕事を削減する、③過剰品質を解消することなどの取組みが不可欠となる。時間を「有限な経営資源」

ととらえて、有限な時間を有効に活用する職場マネジメントが求められることになる。

ワーク・ワーク社員が多数を占めた時代には、時間を有限な資源ととらえる意識が希薄で、時間あたり生産性を高める職場マネジメントの必要性が意識されなかった。しかし今後は、いつでも残業や休日出勤ができるというワーク・ワーク社員を前提にしない職場マネジメントへと転換が必要となる。もちろん、残業することが常に悪いというわけではない。仕事の必要からどうしても残業をしなくてはならない事態が生じることがあることによる。ただしそうした場合でも、残業の必要性が生じた原因を分析し、同じ原因による残業が再び発生しないようにする対応が求められる。つまり、仕事が終わらないときは残業で対応すればよいとする、安易な残業依存体質を解消することである。さらに、大事なことはONとOFFのメリハリのある働き方を定着させるように、残業や休日出勤ができるワーク・ワーク社員を前提とした職場マネジメントを改革することなのである。「効率的に長時間働ける」という人は例外的で、長く働けば働くほど効率が落ちていくのが一般的であることが大事な認識となる。

ワーク・ライフ社員の時間制約に対応できる職場マネジメントへの転換は、WLB支援に貢献するだけでなく、それ以外にも経営にとってのメリットを生むことになる。「時間制約」を管理職や社員に意識させることで、有限な時間をいかに効率的に仕事に使うかということを自覚することになり、時間生産性の向上に貢献する。日本はホワイトカラーの生産性が低いと言われるが、その要因のひとつは、時間を有限な経営資源と考える発想が弱かったことにある。社員一人ひとりが、時間を有限な経営資源と意識することによって、仕事に優先順位をつけたり、仕事のムダをなくしたりすることが意識化され、結果として生産性の向上に貢献することになる。

(2) 2階部分

WLB支援の2階部分の取組みは、介護休業などの両立支援制度を導入するだけでなく、その制度が活用できる職場マネジメントを日ごろから行うことである。法定基準を上回る育児休業や介護休業などの両立支援制度が導入されていても、それらの制度を利用しにくい企業や職場も少なくない。こうした状況を解消する取組みが2階部分である。そのためには、WLB支援の1階部分の取組みに加えて、両立支援制度が活用できるようにする日常的な取組みが2階部分の充実となる。

1階部分の取組みである日ごろから一人ひとりの仕事を明確にすると同時に、お互いある程度まで仕事をカバーできるような能力開発や情報共有を行うことなどは、２階部分の両立支援制度の利用の円滑化に貢献する。仕事の範囲を重ねるとか、スキルの幅を広げるとか、仕事に関わる情報の共有化の取組みなどが有益である。「その仕事は特定の人しか担当できない」といった仕事の仕方を変えていくことが鍵となる。

また、育児休業や介護休業などを取得した人の仕事をカバーする人が、「お互い様意識」を持てるかどうかも大事である。両立支援の対象範囲がもし子育てだけであれば、自分に関係ないと考える社員が多くなり、「なぜ休業を取った人を自分がカバーしなければいけないのか」という意見が出てもおかしくない。つまり、両立支援制度を利用しやすい制度とするためには、両立支援の対象範囲が広いことも必要となる。法律上の両立支援の範囲には、育児だけでなく介護も含まれるが、自己啓発とか、社会貢献活動なども両立支援の対象となれば、「お互い様」と思える人が増えることになる。

(3) 土台部分

最後の土台部分は、社員の多様な価値観やライフスタイルを受容できる職場風土とすることである。大事な点は、ワーク・ワーク社員のライフスタイルを否定するのではなく、ワーク・ワーク社員だけでなく、ワーク・ライフ社員など多様な価値観の社員を受容でき、そうした社員が仕事に意欲的に取り組めるようにすることである。この点で、前述の「お互い様意識」の醸成はこの土台の取組みに含まれる。

WLB支援は、ワーク・ワーク社員が多い管理職の価値観を否定するものでなく、解消すべき問題は、管理職自身が、部下に対して自分と同じワーク・ワーク社員としての価値観を求めることにある。

WLB支援に関する最大の誤解は、WLB支援の担い手を会社の人事セクションとして、管理職や社員がその担い手として理解されていないことである。もちろん、WLB支援において人事セクションの役割は小さくなく、育児休業や介護休業など両立支援制度の整備を行うのは人事セクションである。しかし、WLB支援の3つの取組みのうち、WLB支援に関わる制度整備は2階部分の一部でしかない。

2階部分であるWLB支援に関わる制度が円滑に利用できるように職場環境を整備し、さらに土台部分の多様なライフスタイルを選択している社員を受け入れることができる職場風土づくりや、1階部分の「時間制約」のある社員でも意欲的に仕事に取り組めるように仕事管理・時間管理を行うのは、職場の管理職の役割なのである。

図表３　部下のWLB支援を担うための管理職への支援

【背景】

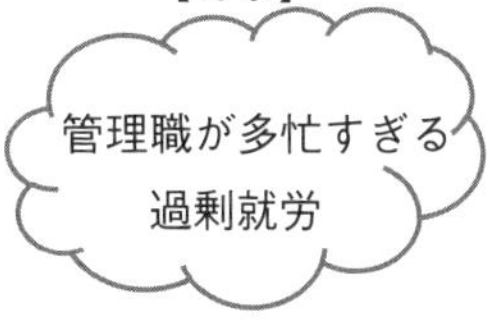

→　部下へのマネジメントが十分にできない

【支援】

管理職自身のWLBの実現
部下へのマネジメントに十分に時間を割く

→職場のWLB実現には、管理職自身のWLB支援が必要。

（出所）著者作成

職場の管理職が部下に対するＷＬＢ支援を担うためには、企業による職場の管理職への支援も不可欠となる。管理職が多忙であり「過剰就労」（希望する労働時間よりも実際の労働時間が長い）の状態にある場合には、部下マネジメントに注力できず部下のＷＬＢ支援ができないことになる。他方、管理職が自分の生活（家庭役割などを果たすこと）を大切にすること、つまり自分のＷＬＢを大事にすることは、部下のＷＬＢにプラスに影響する。管理職自身が、自分のＷＬＢの実現を大事にするとともに、管理職が部下マネジメントに十分な時間を割くことができるようにすることが、企業としての管理職への支援となる。言いかえれば、ＷＬＢが実現できる職場にするためには、管理職自身が自分のＷＬＢを実現できるよう支援す

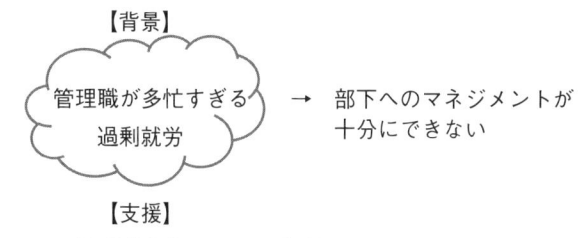

ることが求められる。

5 時間意識の向上と働き方改革

WLBを実現できる職場とするためには、これまでみてきたように、両立支援制度の導入や職場風土の改革が必要となるが、それだけでは十分ではない。それらに加えて1階部分である仕事管理・時間管理や働き方を改革する必要がある。それは仕事に投入できる時間に制約のある社員（ワーク・ライフ社員）を前提とした仕事管理・時間管理や働き方への転換である。職場の中に子育てや介護や自己啓発など仕事以外に取り組みたいことや取り組むことが必要な社員が出現しても、仕事が円滑に遂行できる仕事管理・時間管理の職場とすることである。言いかえれば、いつでも残業できる状態にあるワーク・ワーク社員を想定した仕事管理・時間管理を改革することがWLBを実現するための必要条件となる。そのためには、職場のマネジメントを担う管理職だけでなく、すべての社員が、仕事に対する時間意識を高めるとともに、それぞれが自分のライフスタイルを見直すことが不可欠となる。

図表４　社員がWLBの担い手となるために

制度や職場風土の改革　＋　ワーク・ワーク社員から
ワーク・ライフ社員への転換

具体的には

・時間意識が高い働き方とは

① 無駄な仕事を削減
② 優先順位に応じた時間配分
③ 過剰品質を避ける
④ 時間生産性を高める
⑤ 質を高める能力開発

（出所）著者作成

時間意識が高い働き方とは、特別なものではない。具体的には、仕事に投入できる時間に上限（制約）があることを前提として、限られた時間の中で最大の付加価値を達成することを意識した働き方である。処理すべき仕事の総量を所与としてそれが終わるまで働き続けるのではなく、仕事に投入できる時間の総量を所与としてその時間内で最大の付加価値を実現する働き方を意味する。

時間意識が高い働き方は残業ゼロを目指すのではなく、仕事が終わらないときにはいつでも残業で対処できるとする安易な残業依存体質を解消することによって、時間意識を高めることに主眼がある。また、どうしても残業をしなくてはならない場合でも、ある社員が残業することで、他の社員に残業を強いることがないようにすることが重要となる。

時間意識が高い働き方は、①無駄な仕事を削減する、②取り組むべき仕事に優先順位をつけその優先度に応じた時間配分を行う、③仕事の質を考慮し過剰品質を避ける、④時間生産性を高める、⑤仕事の質を高めるために能力開発に取り組むなどによって実現できる。

しかしワーク・ワーク社員は、時間制約がないため、こうした当然の取組みを意識化することが弱くなりがちなのである。言いかえれば、ワーク・ワーク社員は、仕事が終わらないときには時間を追加的に投入する働き方ができるため、無駄な仕事の削減や仕事の優先順位付け、さらには時間生産性を高めることを重視しないのである。時間意識が低いワーク・ワーク社員が主となる職場では、時間制約があるワーク・ライフ社員が職場に出現すると、そうした社員を戦力化することができず、補助的な仕事に配置したりすることで当該社員の仕事への意欲を低下させることにもなる。ワーク・ライフ社員がさらに増えると、職場の仕事が回らなくなるだけでなく、ワーク・ワーク社員に仕事がさらに集中して過重労働となり、仕事の質や職業能力の低下を引き起こすことにもなりかねないのである。

Ⅵ章

企業だけでなく～社会で支える仕事と介護の両立

Ⅵ章　企業だけでなく社会で支える仕事と介護の両立

ここまで、企業における支援の取組みを紹介してきた。企業における支援は重要であるが、企業の取組みだけでは限界がある。言うまでもなく、「仕事と介護の両立」は、「働き方」と介護サービスの利用や親族間の役割分担などによる「介護体制」の工夫によって成り立つものである。工夫と書いたのは、企業や社会からの支援だけでなく、本人による取組みも重要なためである。しかし、これまでみてきたように、「働き方」の工夫も「介護体制」の工夫もあまりなされていないのが実状である。特に、離職してしまった人では、介護サービスをほとんど使わずに身体介護や見守り、家事などの直接的な介護を自分で抱え込み、働き続けることが困難になってしまった人が少なくない。また、介護により離職してしまった人は、勤務先に相談することなく離職を決意してしまっている人が多い。勤務先だけではなく、自治体の窓口やケアマネジャーにも相談せず、家族や親族等としか相談していない人たちも少なくない。「介護＝離職」「仕事と介護の両立は無理」という思い込みで、両立を前提とした「働き方」や「介護体制」の工夫を本格的にする前に辞めてしまっているのである。本人だけでなく、周囲の対応も影響しており、家族・親族に促される形で辞めたり、中には、ケアマネジャーやホームヘルパーに、「仕事を続けるんですか？」と否定的な発言をされたことで就業継続をあきらめてしまう人もいる。介護保険制度は、「介護の社会化」を目的に導入されたが、この制度は基本的に、要介護者には「仕事をしていない主たる介護者」が同居している、という前提に立っている。そのため、「主たる介護者」になるならば、仕事は続けられない、というイメージが強い。

では、こうした状況を変えていくために、社会全体で、どのような取組みが求められるのであろうか。本章では、下記の取組みを提案したい。

1．「仕事と介護の両立」を肯定する意識の醸成
(1)「介護＝離職」イメージの払拭
(2) 仕事と介護の両立の視点に立った「介護実態」の把握

(3) 仕事と介護の両立を支援する「ケアマネジャー」の育成

2. 要介護者の家族の仕事と介護の両立モデルの提示

(1) 両立可能な介護の仕組み

・「両立」の視点からの「介護保険制度」の見直し

・介護保険外の両立支援介護サービスの開拓

・主介護者が働いている可能性を踏まえた地域の支え合い

(2) 仕組みを活用した両立事例（イメージ）

・両立の多様なロールモデルの提示

1 「仕事と介護の両立」を肯定する意識の醸成

(1)「介護＝離職」イメージの払拭

まずは、社会全体で、働きながら介護をすることを肯定する意識を醸成する必要がある。子育てに関しては、近年、政府主導で「イクメンキャンペーン」が展開され、男性の子育てに対する肯定的なイメージが広まった。同じように、介護においても働きながら、「働き方」と「介護体制」を整えて仕事と介護を両立することをよしとするムードを醸成する必要がある。

働きながらの介護は、確かに辛い面があるが、離職してしまえば、さらに、経済的、精神的に負担が重くなる。

先の調査とは別に、正社員として働きながら介護をしている家族介護者1000人を対象とした調査[9]では、「仕事を辞めようと思ったことがある」人は22・6％のみである。正

図表１　仕事を辞めようと思ったが辞めなかった理由：正社員の介護者

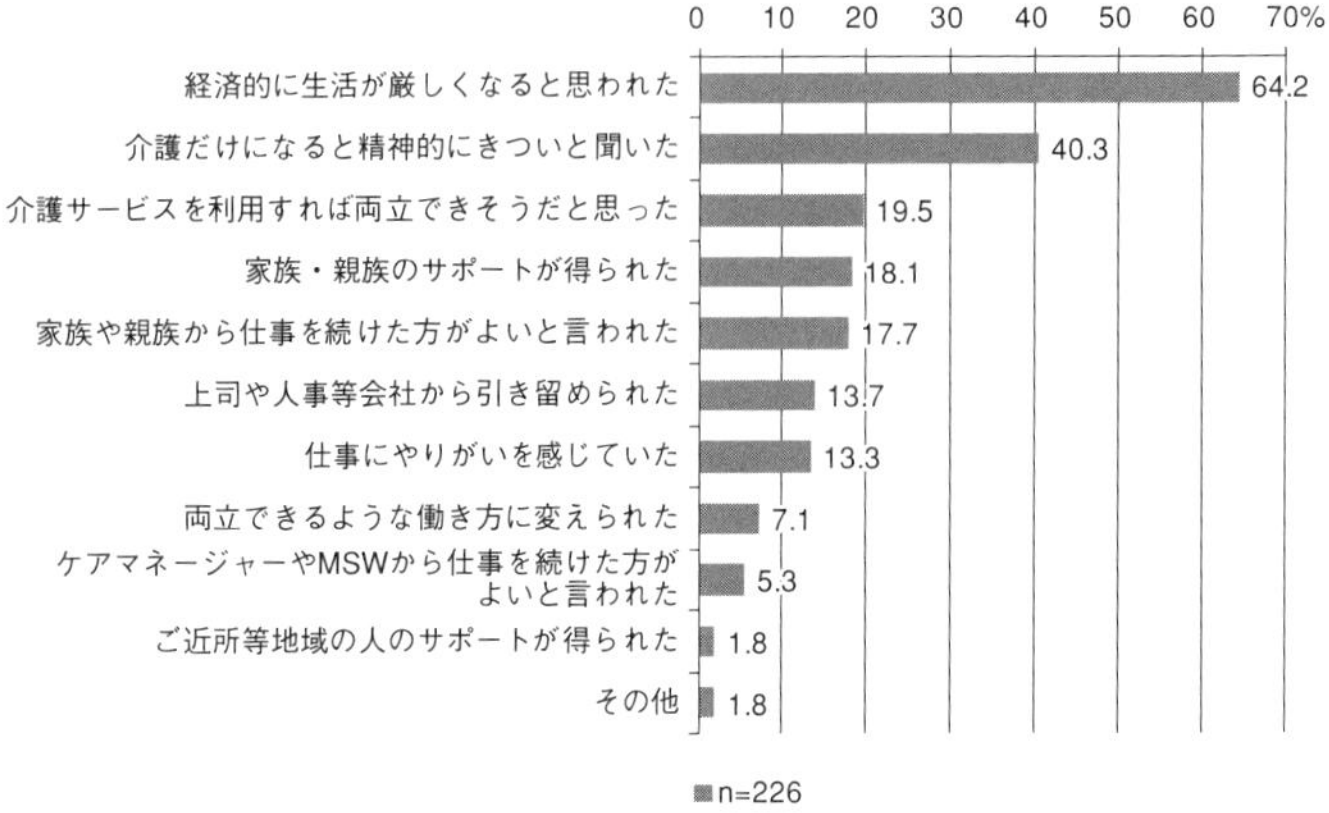

（出所）三菱UFJリサーチ＆コンサルティング「正社員の家族介護者調査」2014年５月

社員として仕事と介護を両立している人は、最初から、仕事を続けることを前提に、自分で直接介護をすることよりも両立できる介護体制を作ることに注力している。その中で辞めようと思った人が辞めなかった理由を聞くと（**図表１**）、もっとも多い回答は、「経済的に生活が厳しくなると思われた」で６割を超え、次いで「介護だけになると精神的にきついと聞いた」が４割にのぼる。辞めるとさらにきつくなるという消去法的な理由ではあるが、こうしたことに事前に気付けた人は幸いである。３番目の理由としては、「介護サービスを利用すれば両立できそうだと思った」という回答がある。さらに下位には、「両立できるような働き方に変えられた」といったポジティブな理由もあるがまだわずかである。このように介護体制や働き方が整っていたあるいは期待が持てたために辞めずに済んだ、という人が今後もっと増えてくることが望ましいが、その前にまず、辞めない方がよい、ということを多くの人に知らせることが重要であろう。

(2) 仕事と介護の両立の視点に立った「介護実態」の把握

まず、仕事と両立しながら介護が可能である、ということを普及していくためには、実際に両立している人がどのような「働き方」「介護体制」をとっているのか、その実態を把握し、広めていくことが必要である。要介護者の身体状況や認知症のレベル、家族の介護者の働き方や関わり方、サービスの利用の仕方などによって、どのような「仕事と介護の両立」の形が可能なのか。要介護者の状態や、介護する側の働き方、サービスの利用パターン等の多様性を考慮すると、本書で紹介しているアンケート調査のような規模のみでは、十分な把握は困難である。大規模な調査、あるいは、要介護認定調査や介護サービスの給付データ等を活用した「介護実態」の把握が必要である。

図表2　要介護度別利用している介護サービス：正社員の主たる介護者

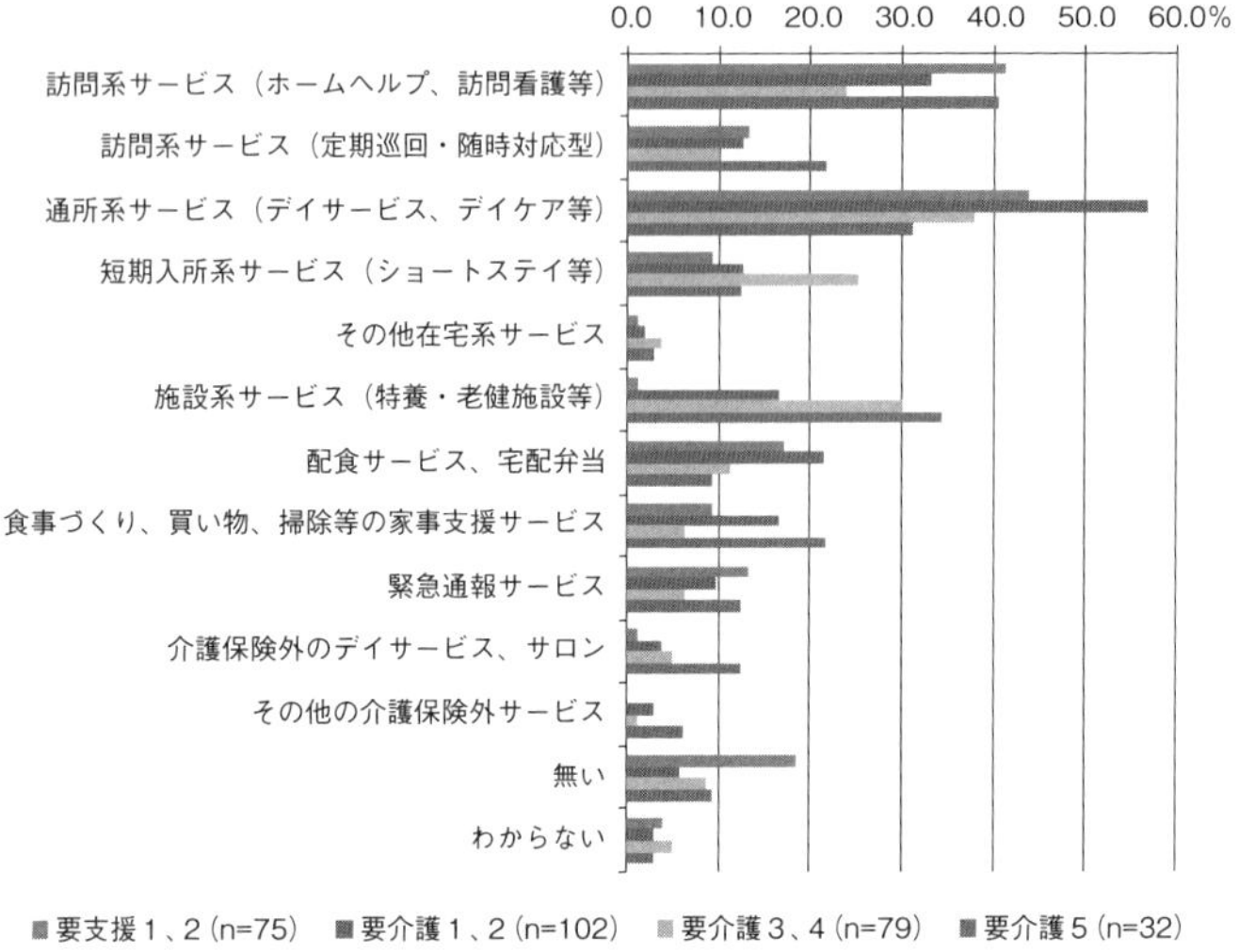

（出所）三菱UFJリサーチ＆コンサルティング「正社員の家族介護者調査」2014年5月

以下に、参考として、正社員の家族介護者調査から、「主たる介護者」の役割を担っている人に限定して、要介護度別に、「介護サービス」と「働き方（両立支援制度等）」の利用状況と利用希望を示す（**図表2**）。さらに、要介護度別の「両立の満足度」（184頁**図表6**）と「今後の就業継続の可能性」（185頁**図表7**）についての介護者の実感を分析する。こうしたデータの充実によって、これから介護に臨もうとする人や、要介護度の重度化による将来への不安を抱える人に、一定の安心感や心構えを持ってもらうことができると

図表3　要介護度別利用していないが利用したい介護サービス：正社員の主たる介護者

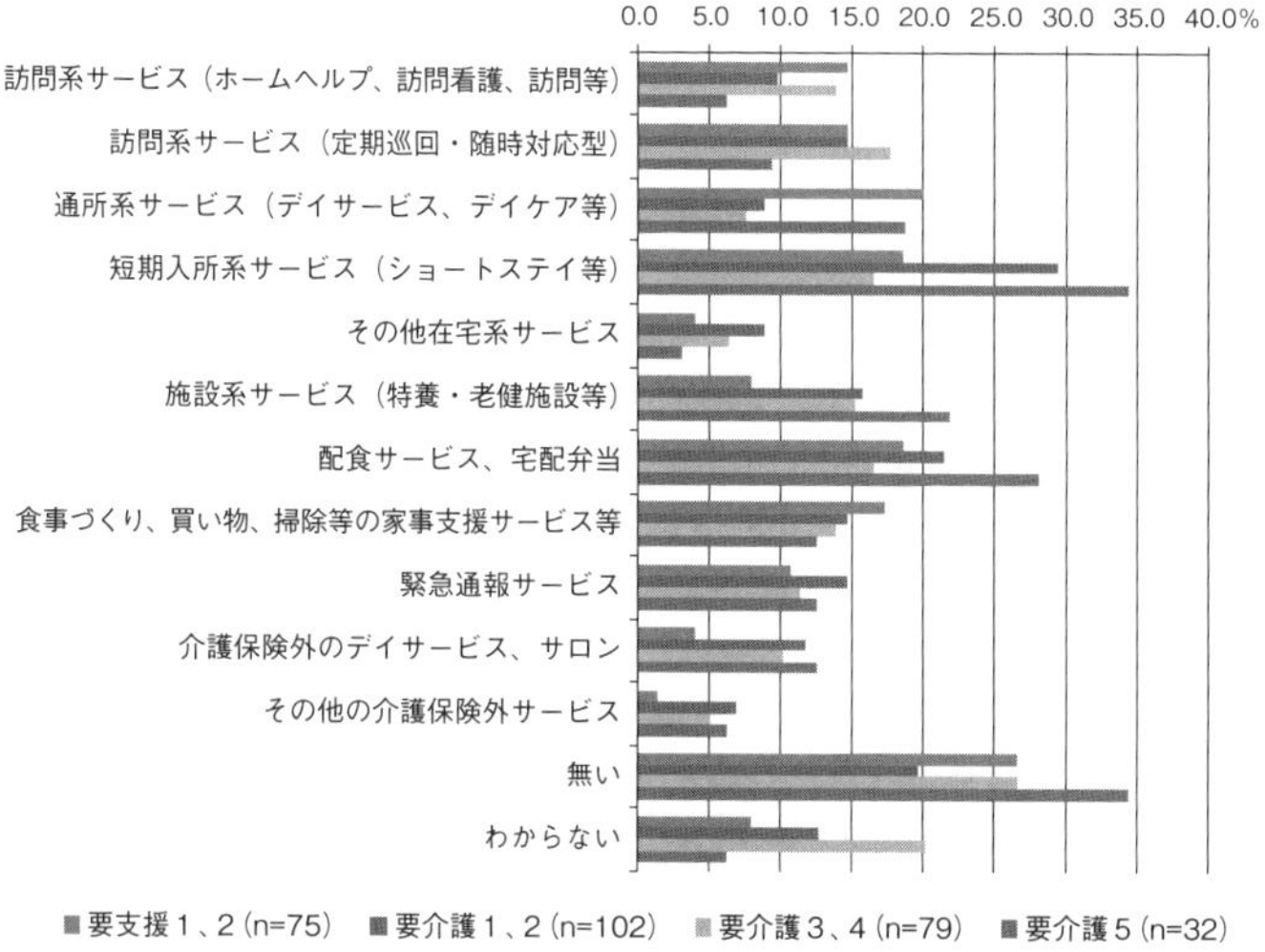

（出所）三菱UFJリサーチ＆コンサルティング「正社員の家族介護者調査」2014年５月

考えられる。

まず、利用している介護サービスをみると（**図表2**）、利用しているホームヘルプ等の訪問系サービスは、要支援1、2や要介護1、2および要介護5で多い。要介護5では、定期巡回・随時対応型の訪問系サービスも2割強活用されている。通所系サービスは、要介護1、2で活用され、短期入所系サービスは、要介護3、4で利用が多い。施設系サービスは要介護度3以上で利用割合が高いが、要介護5でも3割強しか入所していない。家事支援サービスは、要介護1、2と5で利用割合が高い。

図表４　要介護度別利用した社内の両立支援制度：正社員の主たる介護者

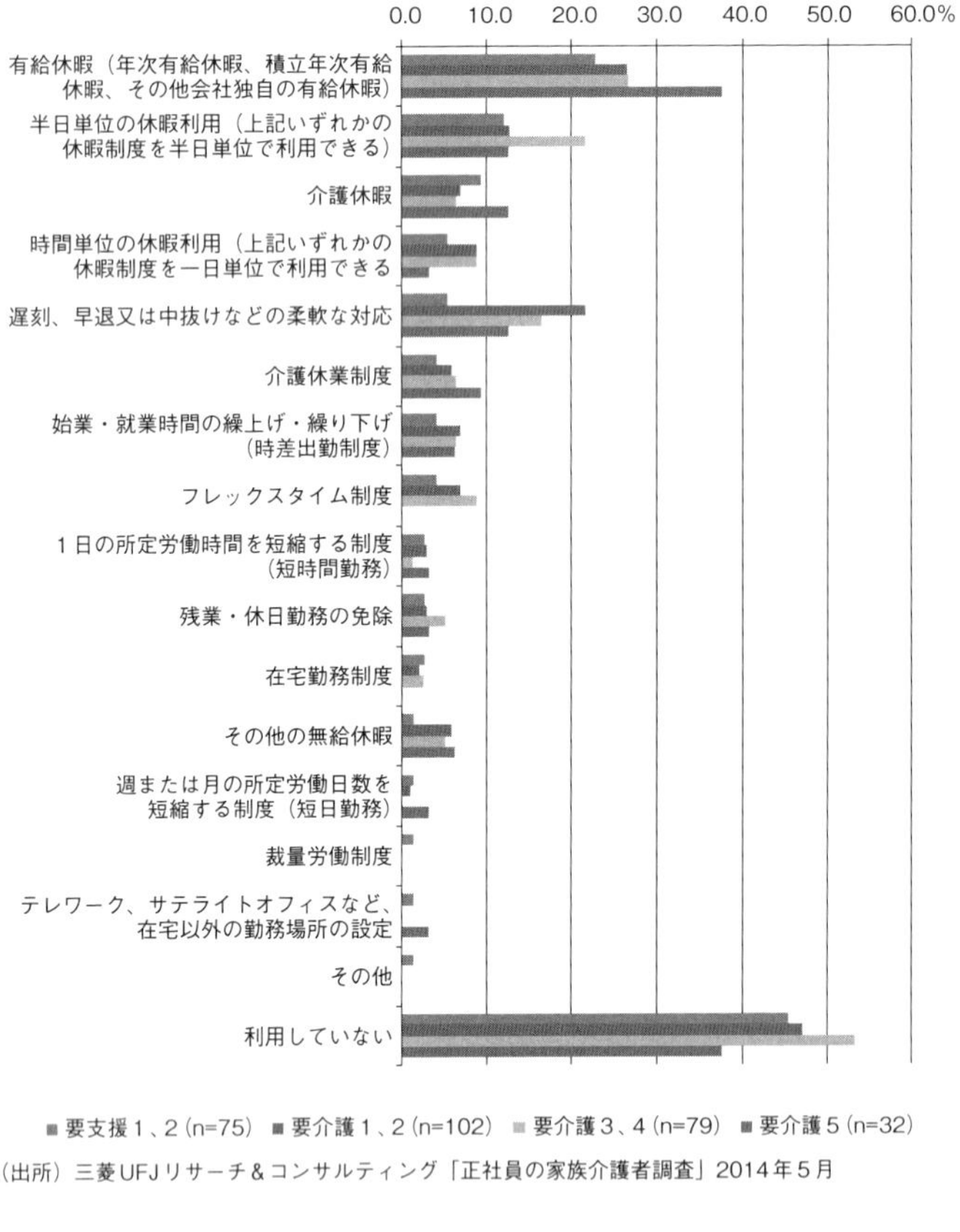

（出所）三菱UFJリサーチ＆コンサルティング「正社員の家族介護者調査」2014年５月

図表５　要介護度別望ましい働き方：正社員の主たる介護者

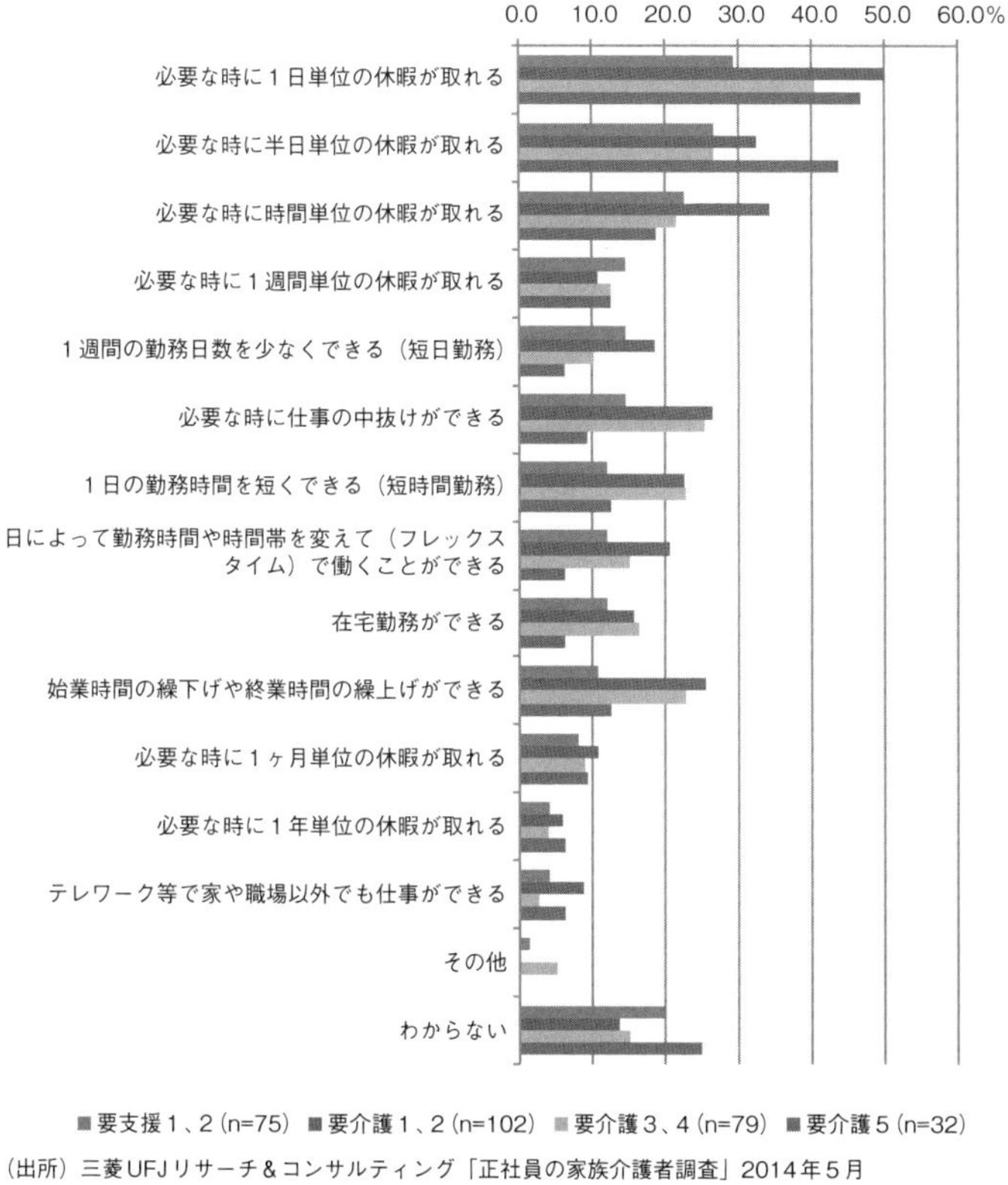

（出所）三菱UFJリサーチ＆コンサルティング「正社員の家族介護者調査」2014年５月

図表6　要介護度別両立に関する評価：正社員の主たる介護者

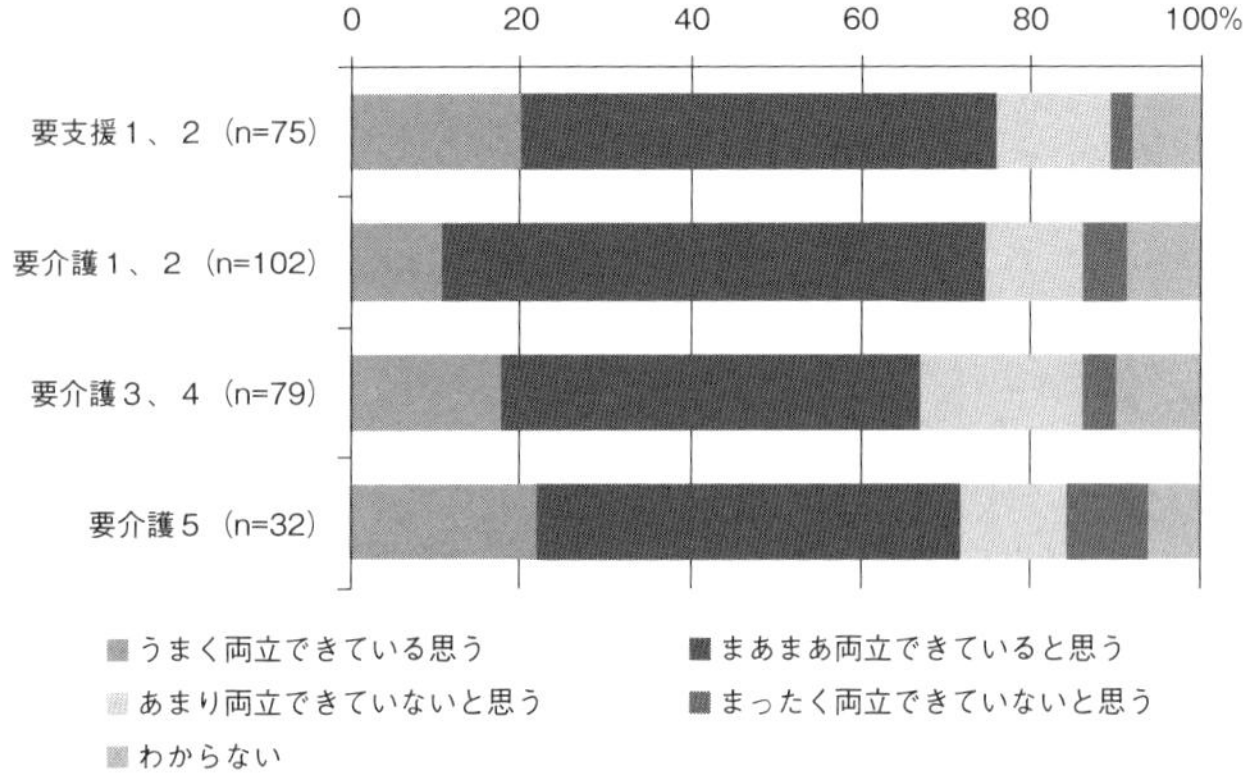

（出所）三菱UFJリサーチ＆コンサルティング「正社員の家族介護者調査」2014年5月

次に、現在利用していないが利用したい介護サービスをみると（**図表3**）、特に要支援1、2と要介護5の通所系サービスの希望が多く、要介護1、2と要介護5で、短期入所系サービスの利用希望が多い、施設系サービスは、要介護5で希望が多いが、先ほどの利用実態と合わせても5割強であり、要介護5でも在宅でよしと考える人が少なくない。一方で、これまで以上に利用したいサービスは「無い」との回答も多く、現状、必要なサービスが利用できていると認識している介護者が少なくないことがわかる。ただし、利用したいサービスがあるのに利用していない理由としては、「本人が望まない」が多く、入所系のサービスは、特に要介護者本人と家族との利用意向にギャップがあることも

図表７　要介護度今後の就業継続の見込み：正社員の主たる介護者

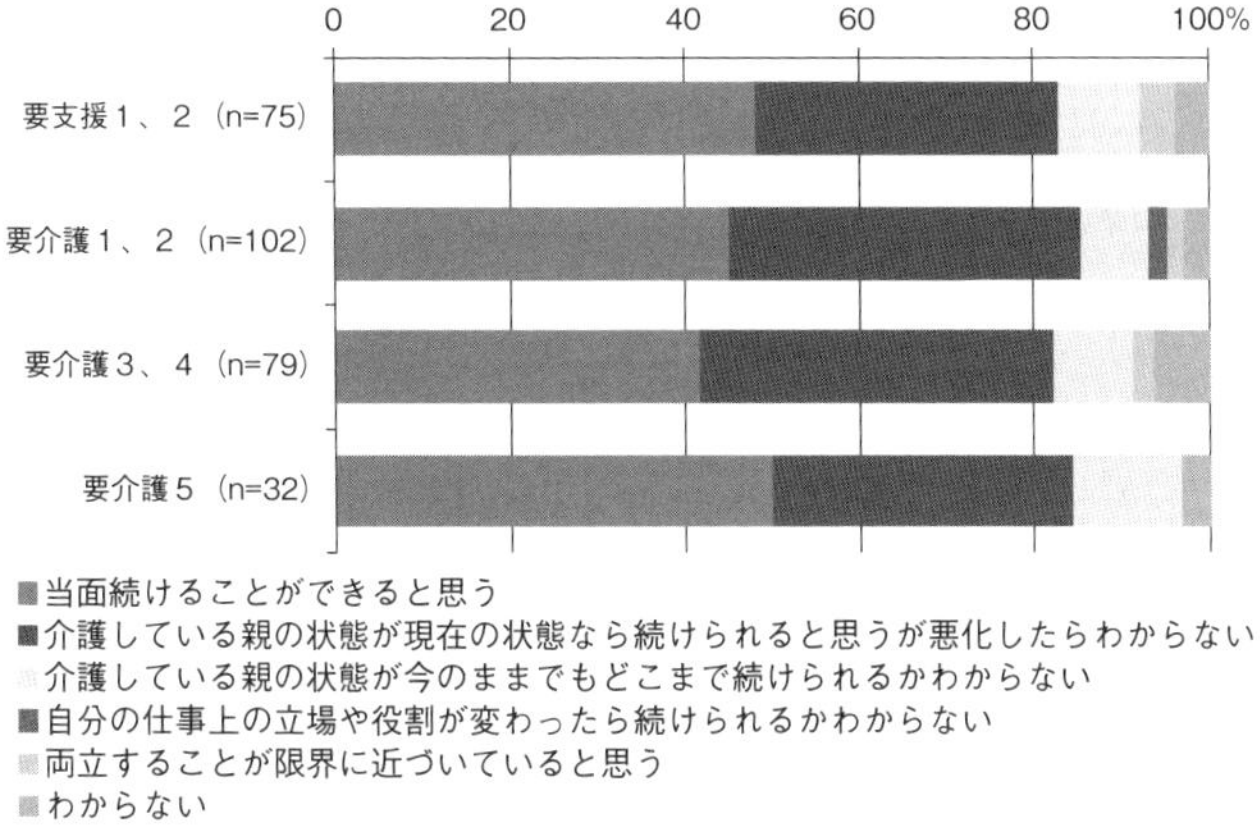

（出所）三菱UFJリサーチ＆コンサルティング「正社員の家族介護者調査」2014年５月

うかがえる。

　こうしたサービスを利用しながら、介護者は勤務先でどのような制度を利用しているのかをみたところ（図表４）、制度としてもっとも利用されているのは、いずれの介護度の場合も「有給休暇」である。要介護度が高いほど有給休暇の利用は高くなる。次いで、「半日単位の休暇利用」は、要介護３、４で高い。しかし、いずれの制度も利用していない人がかなり高い割合でいる。

　では、どのような働き方を望ましいと考えているのかをみると（図表５）、やはりいずれの介護度の場合も長い休業などではなく、１日単位の休暇や、半日単位・時間単位の休暇が必要なときに取れることが望まれている。特に要介護1、2で、様々な働き方の支援を希望する割合が高い。

こうした家族介護者自身の両立に関する評価をみるために「両立できているか」との問いへの回答をみると（**図表6**）、「うまく両立できていると思う」「まあまあ両立できていると思う」と答えた割合は、要支援1、2、要介護1、2、要介護5で、7割前後にのぼる。要介護3、4ではやや低く、6割強となっている。

また、今後の就業継続の見込みについても、「当面続けることができると思う」「介護している親の状態が現在の状態なら続けられると思うが悪化したらわからない」という答えが、いずれの場合も合わせて8割を超え、現在の状況であれば続けていけると考えている人が多いことがわかる。親の状態変化に対する不安はみられるが、実際には、先に示したように、要介護度が上っても、利用サービスは変わってくるが、会社の制度を利用した働き方に大きな変化はみられない。こうした実態が周知されていれば、親の状態が変わることに対する不安も軽減されると考えられる。

紹介した調査は、働きながら介護をしている人1000人を集めたが、本人が「主たる介護者」であるサンプルに絞ると476件になってしまい、要介護度のレベル感がつかみにくい「わからない」「申請中」「申請していない」「非該当」をはずして絞り込むと、

288件とさらに少なくなってしまう。先に述べたように今後、大規模なデータでの分析が期待される。

(3) 仕事と介護の両立を支援する「ケアマネジャー」の育成

介護に直面した人の相談先としては、家族・親族を除くと、「ケアマネジャー」がもっとも頼りにされていることがわかっている。特に、現在、働きながら介護をすることができている人では、ケアマネジャーへの相談割合も高い。しかしながら、ケアマネジャーの中には、「両立」に理解のない人もいる。「主たる介護者は仕事をしていないもの」という思い込みで、介護者が働き続けることに否定的な発言をしてしまったり、どのようなサービスを利用できるようにすれば、両立しやすくなるのかといった知識がないといった問題がある。もちろん、介護保険のサービスは、利用者である要介護者の支援が目的であり、家族介護者は直接の支援の対象ではない。しかし、要介護者を取り巻く環境として、家族介護者の状況はきわめて重要な意味を持っており、家族介護者に無理の少ないケアプランを立てることが、要介護者の介護環境を良好に維持するためには欠かせないと考えるケアマネジャーもいる。

ケアマネジャーの育成過程に、こうした家族支援の視点が不足しているという課題もある。今後、ますます、仕事を持っている人が主たる家族介護者になるケースが増えてくることが予想される。これまでと同様に、要介護者のニーズへの対応を第一としながらも、家族介護者が、働きながら介護を続けることができるような両立支援のあり方を考えることがケアマネジャーに期待され、そのことに対するケアマネジャーの理解を広めていくことが重要である。同時に、「働き方」に関する企業の両立支援についてもケアマネジャーに知ってもらい、「働き方」と「介護体制」のバランスの取れたケアプランを作成するノウハウを身に付けてもらうことも重要であろう。中には、家族介護者の就労支援を目的とした安易なデイサービス利用やショートステイの利用が要介護者の状態悪化につながるケースがあるとの指摘もある。仕事と介護の両立を可能としつつ、介護体制を作るケアプラン作成のためには、ケアマネジャーに高度な専門性が求められる。同時にケアマネジャーの専門的見地からの意見が、医師の診断のように尊重される必要があり、ケアマネジャーの社会的地位の向上も、重要な課題である。

〈コラム④　Future Session　人事担当者とケアマネで創る「仕事と介護」の未来〉

「働き方」と「介護体制」のバランスを図るための取組みの一歩として、実施したワークショップを紹介する。東京大学社会科学研究所のワーク・ライフ・バランス推進研究プロジェクトの2014年2月の成果報告会[1]において、「<Future Session> 人事担当者とケアマネで創る「仕事と介護」の未来」と題する分科会を開催した。「働き方」支援を行う企業の人事担当者と「介護体制」作りを支援するケアマネジャーが一つのテーブルについて、共に「仕事と介護の両立支援のあり方」を考える、という企画である。日ごろ、接する機会のない人々が交流することによって、互いに多くの気づきを得る場となった。また、このワークショップで検討された仕事と介護の両立生活プロトタイプや、社会・企業のあり方は、双方の持つ知見と、それらが交じり合ったことによって多くの示唆を与えるものとなった。今後、地域や企業内での研修やプログラムの参考としてご活用いただきたい。

【プログラム】

○趣旨

「仕事と介護の両立」に対して、企業や就労者の関心が高まっています。両立には、「働き方」と「介護サービス」による支援が不可欠ですが、現状では、具体的にどのように働き、サービスを利用すればよいのかという具体的なイメージが、社会全体で共有されておらず、「両立は困難」というイメージが先行しています。両立の支援には、企業の人事担当者と介護サービスのプランを作るケアマネジャーがキーパーソンになります。また、両者の支援は補完関係にあります。しかし、互いの役割や、何ができるのか、それぞれの現場で起きていること、などを知りません。この分科会では、企業の人事担当者とケアマネジャーが一つのテーブルについて、互いの知見を持ち寄りながら、「仕事と介護の両立」の未来を考えます。

～Future Sessionとは～

複雑な問題を解決するために、異なる立場の人々が対話し、未来に向けての新たな関係性や新たなアイディア、協力して行動できるアクションプランなどを生み出す手法です。

○進め方

1）アイスブレイク

グループごとに自己紹介をしてもらいます。

2）問題提起：仕事と介護の両立実態と企業の支援取組み

調査データを用いて、両立している就労者の生活実態や企業の取組み状況、一般的な課題について紹介します。

3）人事担当者とケアマネジャーの仕事とは？

仕事と介護の両立において、人事担当者とケアマネジャーが果たす役割について、それぞれの代表者に簡単に紹介していただきます。

4）セッション

ラウンド1：アイディアを持ち寄る～両立における課題～

　両立において何が課題となっているのか、それぞれの立場からの知見を持ち寄ります。課題を踏まえ、支援すべき対象者像を描いてもらいます。途中で一度席替えをして、別のメンバーと再度アイディアを出し合います。

《ブレイクタイム》

ラウンド2：未来の「仕事と介護の両立」のプロトタイプを創る

　先の対象者像に対し、両立を可能とする支援（1週間の生活スケジュール：働き方、介護サービス、地域の支え合い、親族間の役割分担等）のモデルを創っていただきます。

ラウンド3：両立可能な社会・企業づくりに向けてのアクションプランを創る

　ラウンド2で創ったプロトタイプを普及させることのできる未来に向けてのアクションプラン（社会・企業の取組み施策）を提案していただきます。

5）全体共有

※プログラム作成：三菱ＵＦＪリサーチ＆コンサルティング　女性活躍推進・ダイバーシティマネジメント戦略室お

よび「みんなのシンクタンク」（フューチャーセッションの実践促進チーム）

【ワークショップの模様とワークシートイメージ】

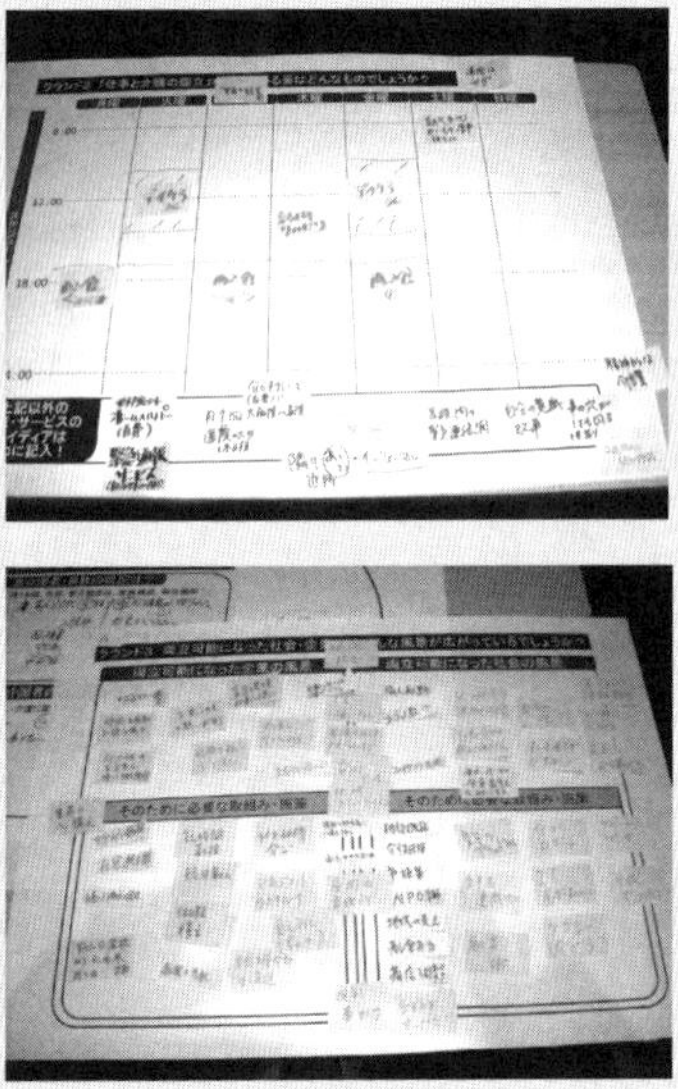

【ラウンド3　両立可能な社会・企業づくりに向けてのアクションプランを創る】

ラウンド3で当日、7つのテーブルから出されたアイディア（キーワード）を整理した。[2]

○両立可能になった社会・企業の風景

・ユニバーサル社会の実現　・人が大切にされる　・国民の幸福度アップ
・高齢期の暮らしへの関心が高まる　・老いることを不安に思わない
・元気なお年寄りが多くなる　・互いに助け合い安心して暮らせる　・性別役割分担意識の払拭
・利益追求のみではなく、生活の質を見直す社会　・地域格差の是正
〈経済・財政〉
・国の生産性向上　・国の労働力向上　・雇用の柔軟性の向上　・財源　・生活力の向上
〈介護のイメージ〉
・仕事と介護の両立は当たり前になる　・社会全体でサポート
・介護は自分でするよりも外のサービスを利用することが当たり前になる
・遠距離介護でも安心できる
〈社会の姿〉
・遠くの親とつながるＩＴインフラの整備　・介護サービスの価格低下↓ベビーシッター並みへ
・手の空いている人が介護を必要とする人に支援　・様々なタイプのサービス提供
・公的な仕組みに頼りすぎない民間サービスの普及
〈地域・家族等〉
・地域コミュニティの円滑化　・自治会などの協力体制　・隣人・友人による見守り

・家族同士の円滑なコミュニケーション　・切実な部分のフォローができる関係
〈企業〉
・何があっても〝働き続けられる〟安心感　・働きがいを感じられる　・風通しのよい職場
・他者を尊重する風土　・助け合い、お互い様の組織風土づくり　・社員の幸福度アップ
・明るい笑い声のある職場　・時間を有効に使う風土　・休暇の取りやすい雰囲気
・家族の生活を大切にする　・課題を新しいビジネスに　・生産性向上
・介護支援の利用が当たり前　・介護を抱えても離職しない　・職場で介護の話ができる
・介護も大切な仕事ととらえマネジメントできる　・マネジメント基準の変化
・介護について企業、職場の理解が得られる　・社内外の制度、サービスの理解
・キャリア選択の幅が広がる　・キャリアは右肩上がりパターンだけでない
・かけた時間でなく、時間当たりの成果で評価　・マルチタスクが当たり前
・働く場所と時間にフレキシビリティがある　・毎日18時30分全員退社が当たり前
〈社員〉
・生産性の高い人々　・社員自身の意識も自律的　・自ら情報発信をするようになる
・自分の仕事の見える化、効率化を行う　・地域とのよい関わり方

○そのために必要な取組み・施策

〈個人〉
・家族で将来について話しておく　・家族でそれぞれが担える役割を確認する
・家族、兄弟との介護についての事前の協議
・40歳で介護保険料を払う時に介護について情報を得る　・当事者意識を持つ
・ケアマネジャーは変えられることを知る　・迷わず他者に協力を求める

〈介護サービスの充実〉
・介護サービスの多様化　・施設、サービスの充実化　・介護サービスの質量を広げる
・在宅でできる介護の普及　・見守りのプラットフォーム　・介護ロボット
・介護タクシー　・高齢者に優しいＩＴ　・グループホームの普及　・経済的支援

〈介護事業者関係〉
・介護従事者の処遇改善　・介護事業者の社会的地位の向上　・介護の担い手の拡充
・〝両立〟の視点でのケアマネジャー教育　・ケアマネジャーの社会的地位の向上
・ケアマネジャーを評価する仕組み　・ケアマネジャーにも企業の支援制度が伝わる

〈公的支援〉
・自治体によって異なるサービスを一括検索できるような仕組み

・保険料負担の見直し（二極化の是正）　・行政の制度（デイサービスの理学士の配置数など）
・企業の取組みに対する経済的インセンティブの付与
・相談、情報提供機能充実（デジタル化、24H　等）

〈地域・家族の支え合い〉
・地域内の助け合い組織の定着　・家族・地域の支え合い　・近所づきあいが密になる
・親族、家族、地域の人々が皆で助け合う　・商店街ネットワーク

〈ボランティア制度・教育〉
・誰にも必ず親がいるので介護や医療の勉強が子どもから大人まで必要
・15分ボランティア制度　・介護に対する教育を中、高のカリキュラムへ
・学生ボランティア（見守り）　・高齢者同士の助け合いの活性化

〈企業〉
・社員が求めているニーズや実状を正しく把握する　・アンケートによるニーズの把握
・個人面談の項目に「介護」を追加する　・介護相談窓口設置　・メンタルヘルス支援
・仕事と介護の両立セミナー実施　・介護や介護保険制度に関する基礎知識の普及　・40歳研修
・介護ワークショップ、介護座談会　・介護実例の共有　・気付きの共有
・ロールモデルやロールケースを会社（人事）が把握している＝社員に提供できる

・勤務場所の柔軟化　・勤務時間の柔軟化　・社員による働き方の選択
・在宅勤務・サテライト勤務、短時間・短日勤務
・介護休業期間の見直し　・1時間単位の有給制度　・企業内にケアマネジャーの配置
・制度や仕組みの周知・情報提供
・複数の担当者で仕事を担う　・社員同士の支え合い（仕事量）・業務の見える化
・ITツールの充実（TV会議システム、テレカンファレンス、セキュリティ等）
・リモートでのマネジメント支援　・ワークシェアリング　・シニア人材の活用
・職場のコミュニケーション向上　・制度を本当に使える職場に　・時差、海外拠点への対応
・管理職のマネジメントスキル向上　・企業内の管理職教育の強化　・管理職の研修
・評価方法の見直し　・両立をフォローする側の同僚に対する評価
・福利厚生メニューに介護サービス導入、充実　・介護費用補助

〈社員〉
・自分以外でもできる仕事を増やす（業務シェア）
・所属部署内に介護の現状をオープンにしておく
・介護の事例を他人事とせず、自分に置き換える

今後、こうしたディスカッションが様々な地域で行われ、互いの持つ支援施策やノウハウを熟知したケアマネジャーと人事担当者が増えることで、「仕事と介護の両立」の可能性は大きく広がると考えられる。

1　2014年2月20日に東京大学本郷キャンパスにおいて開催。400人を超える参加申し込みがあった。

2　当日は、「社会」と「企業」を分けてアイディア出しをしてもらったが、重複も多かったため、合わせて加筆、修正し整理をした。重複するテーマや意味のとりにくい言葉は、筆者の判断で割愛した。

2 仕事と介護の両立モデルの提示

(1) 両立可能な介護の仕組み

「介護＝離職」というイメージを払拭するためには、社会的な啓発に加え、実際に両立可能な働き方や介護の仕組みを強化する必要がある。

日本の高齢化は、「世界に類をみないスピード」と水準で進んでおり、２０１０年はもとより２０５０年にいたるまで世界トップの比率である（図表８）。比率の高さに加え人口規模の大きさを考えれば、わが国で必要とされる介護サービス量がいかに大きなものであるかが想像できよう。

施設サービスと在宅サービスを合わせた介護受給者の割合をみると、日本はＯＥＣＤ平均をやや上回るレベルである（図表９）。ただし、日本よりも割合の高い国々は、日本よりもはるかに人口規模の小さな国である。日本よりも割合の高い国の中でもっとも人口規模の大きなオーストラリアでも日本の人口の５分の１以下であることを考えると日本の介

図表8　2010年と2050年の高齢化率の国際比較

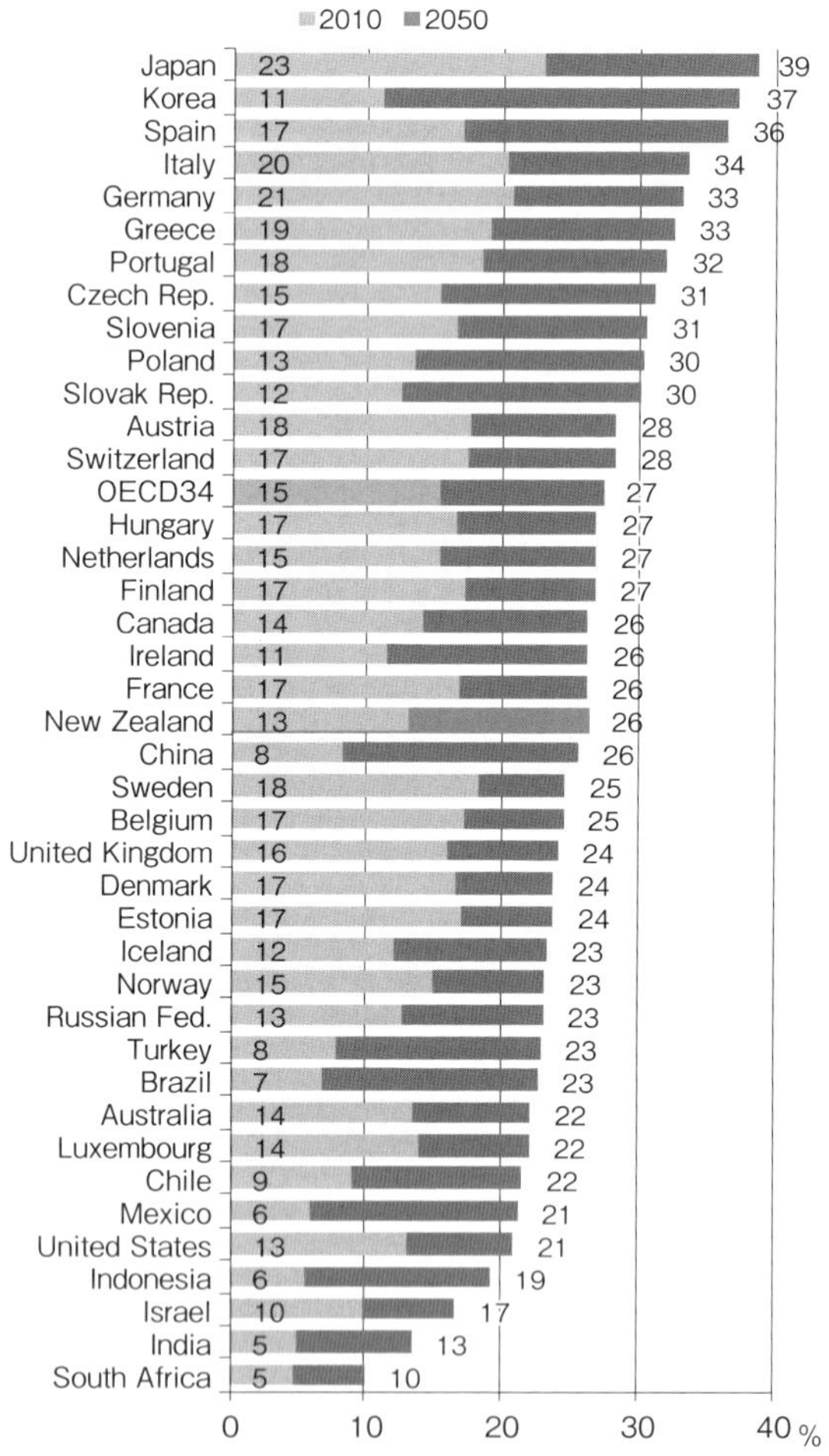

Source: OECD Historical Population Data and Projections Database, 2013

図表9　65歳以上人口に占める介護受給者の割合　2011年（もしくは最新年）

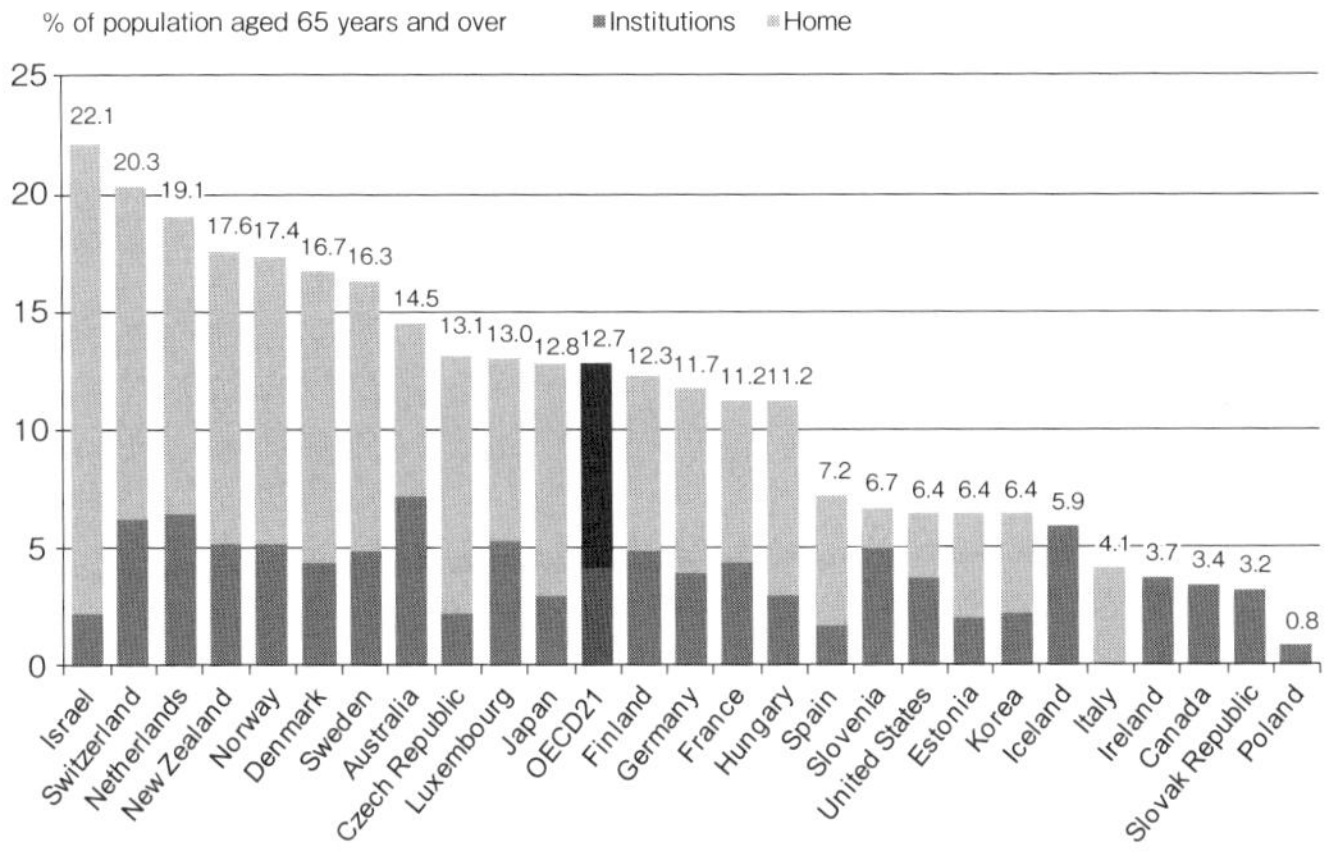

Information on data for Israel: http://dx.doi.org/10.1787/888932315602.
Source: OECD Health Statistics 2013, http://dx.doi.org/10.1787/health-data-en.

図表10　65歳以上の介護受給者のうち在宅で介護を受けている者の割合
2000年と2011年（もしくは最新年）

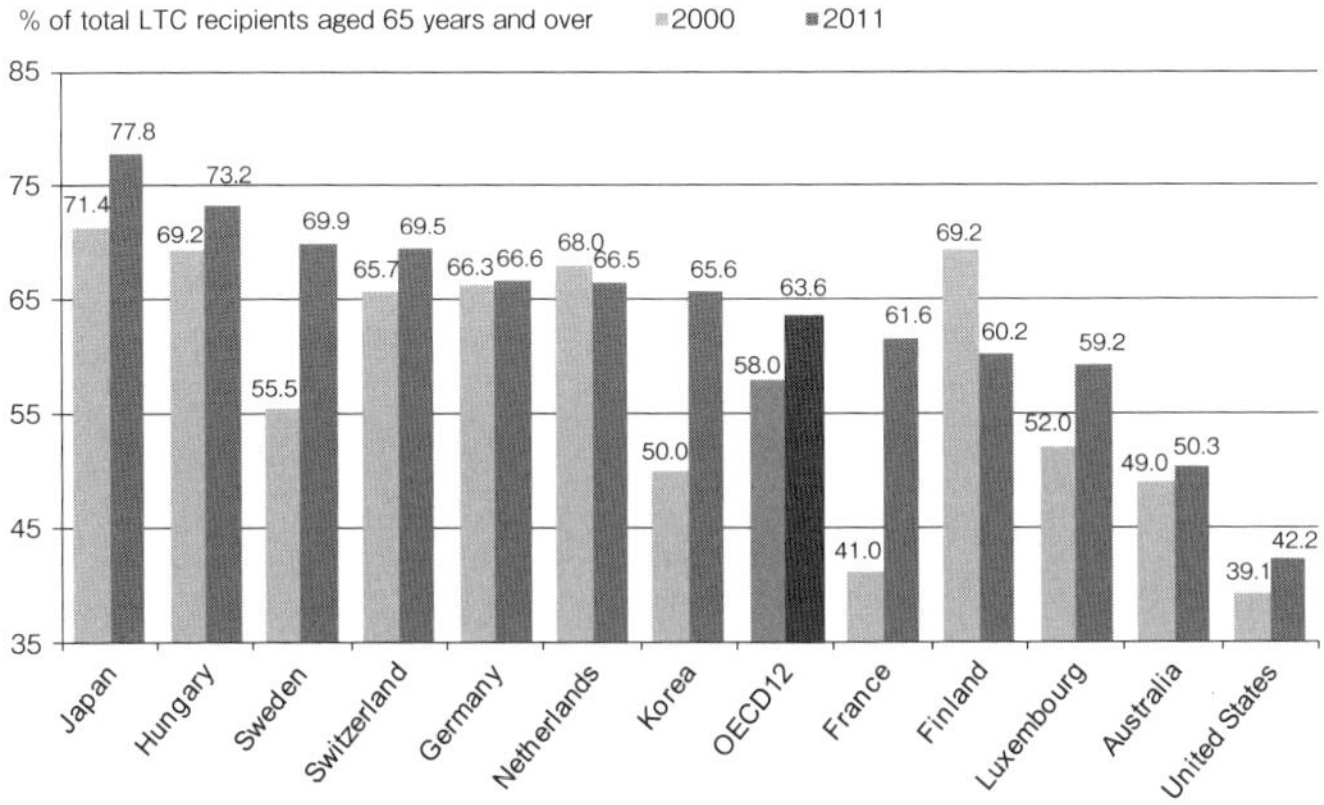

Information on data for Israel: http://dx.doi.org/10.1787/888932315602.
Source: OECD Health Statistics 2013, http://dx.doi.org/10.1787/health-data-en.

護受給者数はきわめて大きいと言える。

また、介護受給者のうち、在宅で介護を受けている者の割合は、介護保険制度がスタートした２００９年でも、日本は７割強とＯＥＣＤ平均をはるかに超えており、２０１１年では、その割合をさらに８割近くまで高めている。

訪問介護事業者数も２０００年の９８３３事業所から、２０１１年には２１３１５事業所と２倍以上に増加しており、訪問介護員を含む介護職員も２倍以上増加している。しかし、厚生労働省の試算によれば２０２５年までに介護職員をさらに１・５倍に増加させる必要があるとされ、さらに２０５０年の高齢化率にみるように、担い手の確保はますます困難になる。そうした中で、どのような視点から両立のための介護システムの見直しを図ればよいのだろうか。

〈コラム⑤　日本における介護システムの変遷〉

日本で、高齢化対策が本格的にスタートしたのは1989年であり、当時の高齢化対策は「ゴールドプラン」と名付けられた。その頃の日本における介護サービスと言えば、自治体が直接雇用しているか社会福祉協議会にいるホームヘルパーが、週2回（1回2時間）程度の一律の介護を福祉サービスとして提供していた。年間予算が決まっており、利用者が増えて、年度の途中で予算を使い切ってしまうと、利用はそこまで、といった状況だった。介護は、妻や無業の娘や嫁が担っており、当然、外で働きながらということは考えられなかった。リハビリの支援や介護のノウハウの不足から、欧米で「水平の人」と呼ばれるように、腰やひざ、足首などの間接が固まって曲がらなくなってしまい、起き上がることのできない、本当に「寝たきり」の高齢者もいた。地方では、寝たきりの高齢者が家の奥の方に隠されるようにしていた。同じころ、デンマークやスウェーデンで行われていた、「利用者のニーズに応じたサービス提供」は、実際に現地調査をしても、どうしたらそんなことができるのかわからない夢物語のように思われた。100歳で車いす生活の女性が、高齢者住宅に一人暮らしをしながら、巡回型の訪問介護サービスを利用し、自分の好みのインテリアに囲まれて生活する。現地で目にした北欧の介護実態と日本のそれとはあまりにも大きな隔たりがあった。

その後、90年代には、北欧型の地域ケアモデルをお手本とした自治体主導の介護システムが構築されていった。高齢者・要介護者情報は自治体が一元的に管理し、総合相談窓口で情報提供が行われ、予防から介護まで一貫したサービス提供を目指すものだった。保健師がケアマネジャーのような役割を果たし、サービス提供は、自治体から委託を受けた民間事業者により提供された。介護機器の開発・普及も促進され、都道府県に一か所ずつ整備された介護実習普及センターでは、介護機器の選定や調整が行え、介護や機器の使い方等の研修も行われていた。90年代の変化は目覚ましいものがあったが、自治体によるサービス提供には予算上の制約があり、また、福祉サービスの措置を受ける、ということについての心理的な抵抗感などから、介護サービスの利用が急速には進まない、といった問題などがあり、2000年にドイツの制度を参考に、公的介護保険制度が導入された。

介護保険制度の導入により、措置から契約へ、応能負担から応益負担へと変化し、利用者主体のサービス利用が目指され、民間事業者によるサービス提供量は飛躍的に増大していった。要介護認定をベースに、ケアマネジャーによるニーズに即したケアプランが策定されるようになった。一方で、介護保険制度の特性上、それまで目指していたサービス提供システムに馴染まないことから生じる問題もみえてきた。1つは、地域ケアである。介護事業者との個別契約によるため、地域での多様なサービスの連携は困難となった。定期巡回・随時対応型の訪問介護サービスなどは、狭いエリア内に利用者が集中していることで事業効率が働くが、複数の事業者でエリア内が分断されている状況や定期巡回の利用者の規模が小さい状況では、普及が困難である。同じく、一元的な総合相談窓口機能の実現も困難となった。もちろん、保険者としての市区町村による事業者情報の提供等は行えるが、要介護者やサービス利用の実態に基づく相談機能を持つことは難しくなった。また、予防から介護への連続的なサービス提供も困難となった。さらに、要介護認定は、要介護状態の改善を家族が喜べないという不幸を招いた。自立支援をうたいながら、要介護度が重くなるにつれて増える「利用限度額」のために、要介護度が下がることを家族が恐れることになってしまったのである。サービスの量的拡大の影で、要介護者の生活の質や介護者の負担軽減を目的とする介護機器の開発・普及にもブレーキがかかった。在宅ケアの重視をうたいながら、親族等による主たる介護者抜きには、在宅介護が困難な状況も課題である。

しかし、近年こうした公的介護保険制度の弱点とも言える課題への対応も進んできている。「地域包括ケアシステム」の構築が目指され、厚生労働省は、「2025年を目途に、高齢者の尊厳の保持と自立生活の支援の目的のもとで、可能な限り住み慣れた地域で、自分らしい暮らしを人生の最期まで続けることができるよう、地域の包括的な支援・サービス提供体制（地域包括ケアシステム）の構築を推進する」としている。地域ケア会議等での個別事例の検討を通じた地域のニーズや社会資源の把握、総合相談の実施等も含まれている。予防から介護への切れ目のない支援を目指して、介護予防・日常生活支援総合事業もスタートした。要介護認定で、要支援と非該当を行き来するような高齢者に、市区町村主導で予防と生活支援にかかるサービスを総合的に提供しようとするものである。介護機器についても、労働人口の減少にともなう介護従事者不足への対応と新産業創出を目的に、介護ロボットの開発・実用化が２０１２年策定の「日本再生戦略」に位置付けられ、安倍内閣の「日本再興戦略」にも引き継がれている。

高齢化のさらなる進展の中、介護保険財政の負担増からも、サービス供給に不安がもたれる介護保険制度ではあるが、日本の介護環境は、四半世紀の取組み・試行錯誤を経て、大きく改善されており、これからもまだ進化が期待される。そうしたことにもかかわらず、この介護システムをまったく活用せずに、介護を自ら抱え込んでしまう人、それによって離職しようとする人が多くいるということでは、莫大な費用と多くの人々の努力がつぎ込まれてきた意味がない。また、今後の介護システムの改革においては、仕事と介護の両立の視点からの提案が重要であろう。働きながら介護に直面した人々が、懐疑的になってサービスを利用しないのではなく、現状のサービスを活用した上で、建設的な改善提案を出していくことが期待される。

図表11　介護における多様な社会資源の活用イメージ

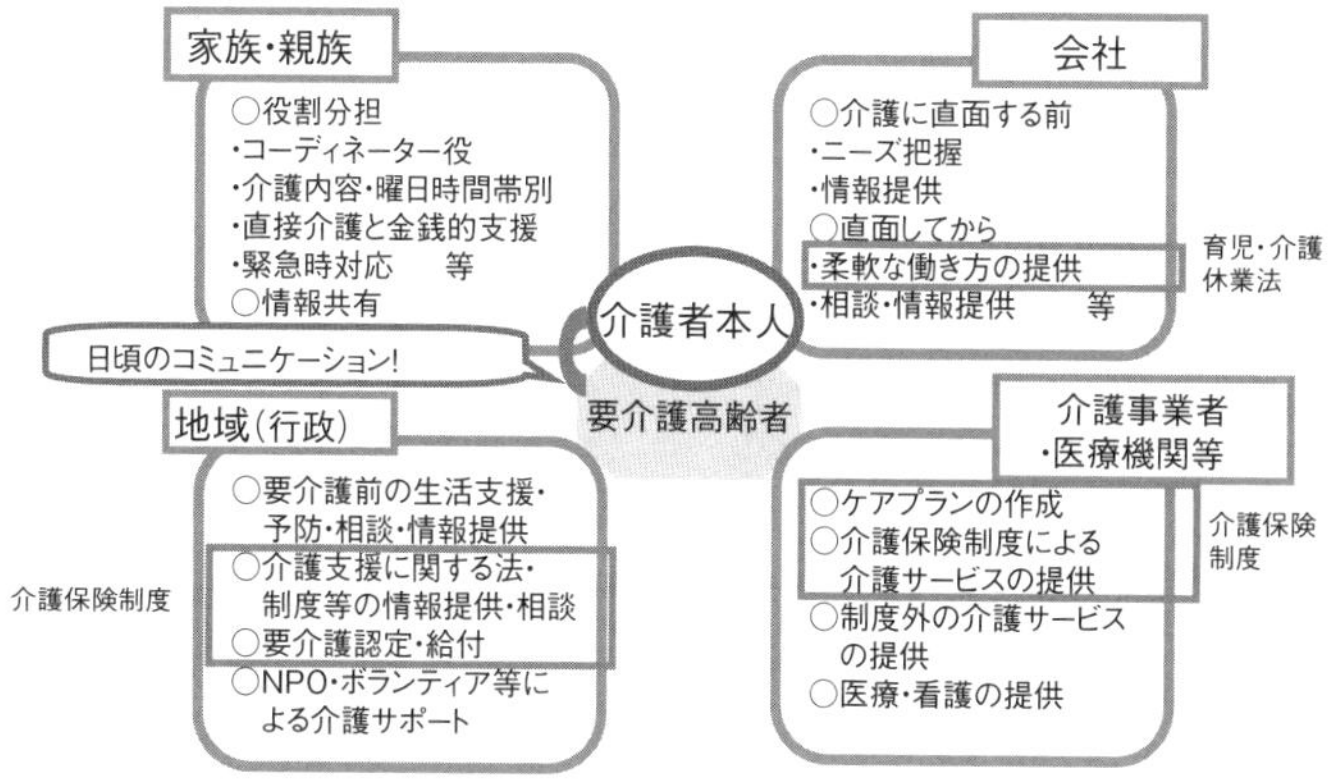

（出所）著者作成

日本の介護保険制度は、社会保険方式ではあるが、被保険者から徴収した保険料とほぼ同額の公費を財源とする。対象者が増え続ける中で、仕事と介護の「両立のため」とはいえ、大幅なサービス水準（一人当たりサービス利用量）の増大を見込めば、保険料であれ、公費であれ、大幅な社会的コスト負担につながる。

そこで、**図表11**に示すように、公的介護保険制度のみならず介護保険外の介護サービスを活用しつつ、企業による働き方の見直しや地域でのサポート、家族・親族の役割分担等、様々な社会資源を活用して、要介護者と介護者を支える仕組みを作ることが重要である。

介護保険制度によるサービスでも見直しが期待される点もある。

たとえば、主たる介護者が不在の家庭で特に有効と考えられる、定期巡回・随時型の訪問サービスの提供や、小規模多機能ホームなどは、供給側の運用の難しさなどから、事業者数がなかなか伸びない。こうしたサービスの普及策を検討する必要がある。あるいは、デイサービスの送り迎えと主たる介護者の出社時間の調整ができるようにする。ただし、ケアマネジャーや医師、介護事業者との打ち合わせや会議は、働く家族介護者の立場からすれば自分の休日に行ってほしいと考えるだろうが、そうした対応は、介護従事者の勤務環境を厳しくしてしまう。そのため、家族介護者の働き方の調整（半日休暇・短時間勤務等）での対応が望まれる。介護従事者の確保も重要な課題であり、そのためには処遇の改善と同時に、介護従事者の働き方を見直すことも大切である。

「働き方」と「介護体制」を、要介護者の身体状況やＱＯＬ（生活の質）の視点のみならず、家族介護者の負担の視点、社会的コストの視点などから、総合的に検討することが必要であろう。

また、働きながら介護する人の増加は、介護保険制度によるサービス提供だけではカバーしきれない、隙間のサービス（家族介護者とデイサービス送迎との隙間時間等）や家族介

図表12　支給限度額をどの程度使っているか：介護保険サービス利用

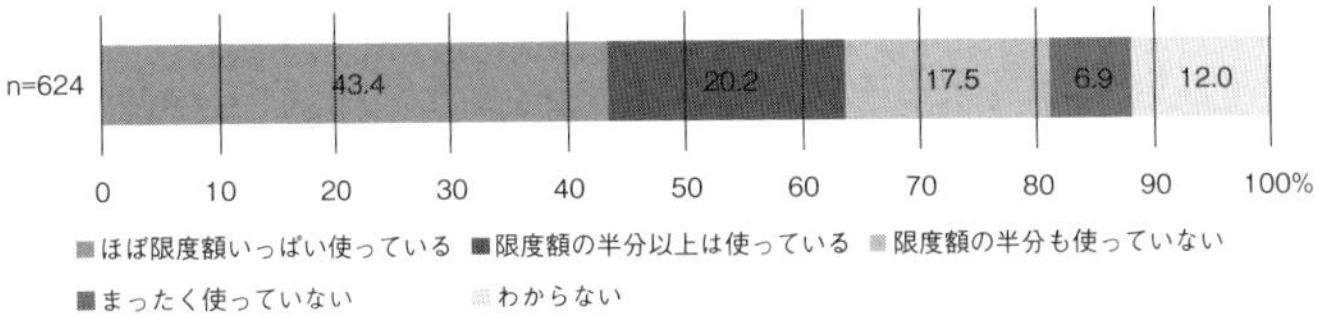

（出所）三菱UFJリサーチ＆コンサルティング「正社員の家族介護者調査」2014年5月

護者の疲労軽減のためのサービス、家事サービス等が民間のサービスとして利用される可能性につながる。自分が仕事を辞めて介護する代わりに、全額自己負担であっても、介護保険外の必要なサービスを買いたいという人が増えてくる可能性がある。また、介護機器・介護ロボット等の開発・普及も進む可能性がある。

一方、地域では、主たる家族介護者が働いている中で、より一層支え合いの機能が必要とされる。宅配の受け取りやちょっとしたゴミ出し、軽度認知症の疑いのある高齢者の徘徊等の見守りなど、ご近所同士のネットワークが重要になる。先に紹介したFuture Session の提案においても、地域の支え合いの必要性が、多くのテーブルから指摘された。

(2) 仕組みを活用した両立事例（イメージ）

「働き方」や「介護体制」の仕組みがあっても、現状では、それが十分活かされているとは言いがたい。

図表13　支給限度額いっぱい使っていない理由：介護保険サービス利用

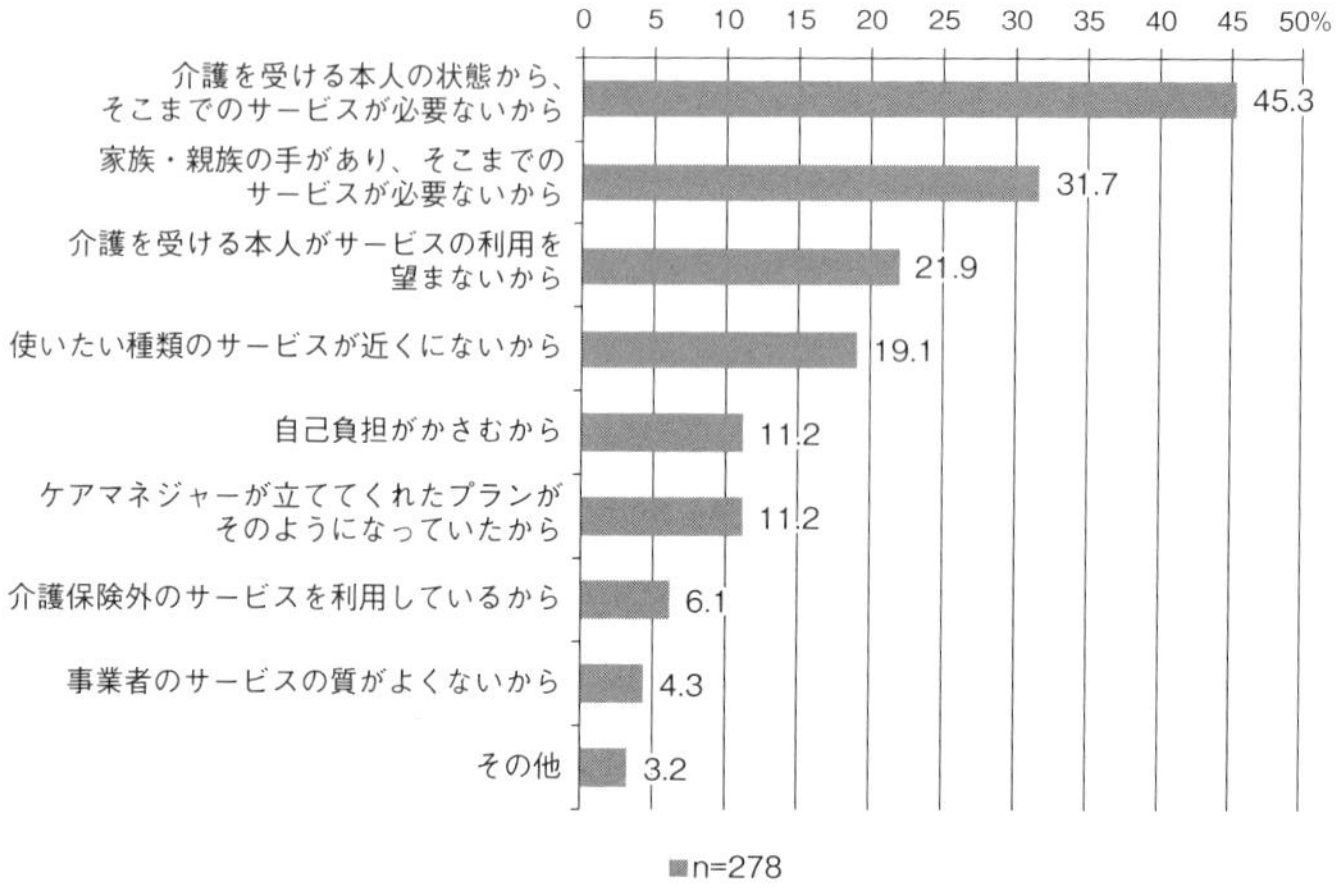

（出所）三菱UFJリサーチ＆コンサルティング「正社員の家族介護者調査」2014年5月

介護保険サービスを利用している人に、支給限度額のうちどれくらいを使っているのかを聞いたところ（**図表12**）、「ほぼ限度額いっぱい使っている」と答えた人は43・4％であり、「限度額の半分以上は使っている」の20・2％を合わせても、6割強である。それ以外の人はサービスをあまり利用していない。

　限度額いっぱいまで使っていない人に、なぜ使っていないのかを聞いたところ（**図表13**）、「介護を受ける本人の状態から、そこまでのサービスが必要ないから」という答えがもっとも多い。次いで、「家族・親族の手があり、そこまでのサービスが必要ないから」「介護を受ける本人がサービス

図表14　使いたいが使っていないサービス

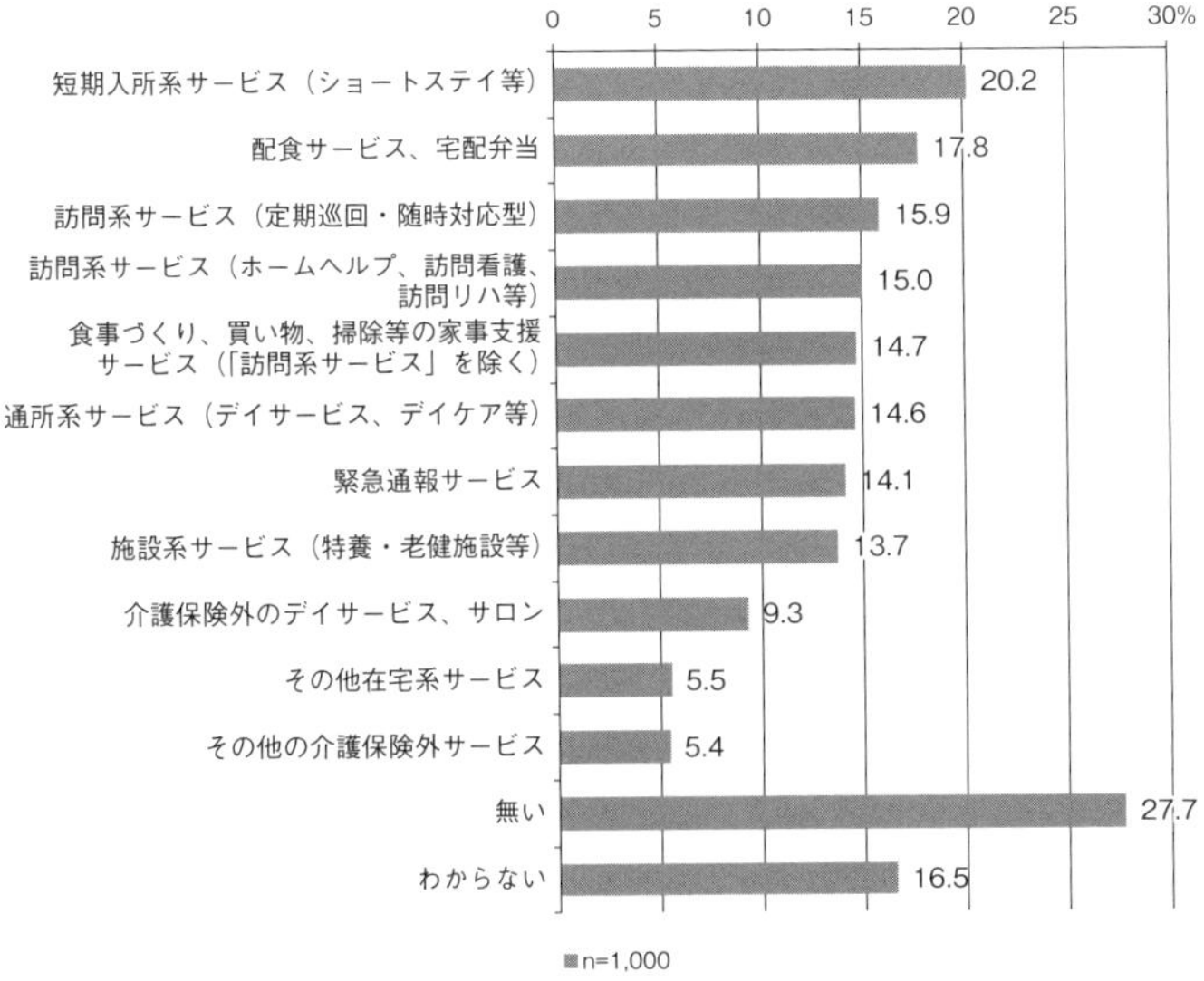

（出所）三菱UFJリサーチ＆コンサルティング「正社員の家族介護者調査」2014年5月

の利用を望まないから」「使いたい種類のサービスが近くにないから」が挙げられている。

　介護保険制度ではサービスが足りない、と言う指摘もあるが、認定によって設定される支給限度額のレベルで足りている、と感じている人は少なくない。望むサービスが地域にないといった問題はあるにせよ、制度設計上はある程度ニーズに見合った水準になっていると言えよう。

　ただし、使っていないが使いたいと考えているサービスを聞くと（**図表14**）、「短期入所系サービス（ショートステイ等）」「配食サービス、宅配弁当」「訪問系サービス（定期巡回・随時対応型）」などが上位に挙げられる。これらのサービスを使っていない理由としては、「介護を受ける本人が望まないから」「費用がかかるから」「どのようなサービスがあるのか、適しているのかわからないから」といった答えが上位に挙がる。

今後は、これらのサービスを「働き方」と組み合わせて、より有効に使えるようにすることで、家族介護者の負担を軽減し、持続可能な介護生活が送れる、家族介護者が仕事と介護を「両立」できる好事例を発信していく必要がある。そうした中で、支給限度内では足りないサービスの組み合わせも増えてくることが予想され、その場合、支給限度額の妥当性や負担のあり方があらためて議論される必要が出てこよう。

企業の取組みとして、こうした事例を収集し発信することを提案したが、社会全体でも、事例を集め発信していくことが期待される。また、企業においても、自社内の取組みだけでなく、社会全体の取組みに対する働きかけも期待される。欧州の企業では、介護支援のキャンペーン等の活動に参加したり、介護しながら働く労働者のネットワークに従業員を参加させている例もある。

介護の負担は、介護を受ける人の要介護度によるというイメージが持たれがちだが、介護体制をどう作るか、介護を担う家族がどう受け止めるかで、大きく異なってくる。家族介護者は、働いている働いていないにかかわらず、直接的な介護を自分で抱え込むよりも、サービスのコーディネート役に重点を置いて、精神的に要介護者を支える余裕を持つことが重要である。調査の中で出会ったフルタイムで働きながら介護している方々の中でも、時には自分の休息のために介護サービスを活用し、また、親族間で助け合いながら介護をしている人たちの顔には笑顔があった。直接的な介護は、専門家の手に任せた方がよい面がたくさんある。特に、認知症の場合、家族はどうしても、認知症である今の状態をあるがままに受け止めることが難しい。そのため、要介護者に元に戻ってほしいという気持ちが叱責などにつながり、余計に要介護者を混乱させることになりがちである。仕事を辞めて、認知症の高齢者に付きっ切りで介護をし続け、要介護者との関係も緊張感が強くなり互いにくたびれきってしまう人もいる。介護従事者の職業能力も様々であるが、適切な対応をしてくれる技量を持ったホームヘルパーの支援やグループホームの下では、家庭では様々な問題行動を起こしてしまっていた高齢者が、驚くほど穏やかに暮らせることがある。

特に、フルタイムで働きながら介護をする人は、働き方の柔軟性（フレックスや始業・終業時間の繰上げ・繰下げ、在宅勤務等）を確保しつつも、基本的にはフルタイムに近い時間働くことを前提として、自分が働いている間は、安心して任せることのできる介護事業者を見つけることに力を注いではどうか。介護サービスを利用して、自分で直接介護をしないことに罪悪感を持ってしまう、という声もあるが、家族介護者が笑顔で接する余裕を持つことが、結果的には要介護者のＱＯＬ（生活の質）の向上につながるのである。堂々と自信を持って介護サービスを活用し、仕事においても、時間の制約がある中で、単に仕事を続けるだけでなく、イキイキと能力発揮ができるような両立のイメージが、社会全体で共有されることが望まれる。

近年、若い家族介護者の存在も社会問題となっている。親や祖父母の介護のために学業を中断したり、離職したりする若者たちがいる。背景には、若年労働者の雇用環境の厳しさ（非正規率の高さ、賃金水準の低さ）があり、40歳代・50歳代の親世代が介護のために離職するよりも、10歳代・20歳代の子たちに介護を担わせた方が世帯全体の家計を考えた場合、経済的なメリットがあるという現状がある。若者の雇用環境の改善の必要性は言うまでもないが、このように、10歳代・20歳代の学業や就業の機会が奪われることは、その子どもたちに生涯を通して経済的デメリットを与えるのみならず、介護を一人で抱え込むことによる精神的負担を与え、社会的な孤立という事態を招くおそれがある。この問題も、親族の誰か一人に介護を担わせるのではなく、介護サービスを利用しながら、親族が助け合って仕事や学業と介護を両立するという考え方に立てば、一定の問題状況の改善が期待できる。

9 「正社員の家族介護者の調査」……三菱ＵＦＪリサーチ＆コンサルティングの独自調査として実施された。正社員として働きながら親の介護をしている男女計１０００人を対象時期は２０１４年５月である。回収は男性６０５人、女性３９５人。そのうち、本調査対象者が主たる介護者である回答者は４７６人であった。

〈コラム⑥　親族間の協力状況　〜個人の両立事例より〉

●外出や旅行をしたい時は、弟に相談し、自宅に来てもらう。弟の協力があるので、介護をしながらも、旅行など好きなことで気分転換ができる。自宅の電気関係や大工仕事をしてくれるなど、気を遣ってくれる。以前父親と別居していた時は、近所に住む親戚に様子を見に行ってもらったこともあった。

●妹、叔母、叔父夫婦の協力を得ている。妹は義父母の介護疲れからパニック障害を起こしたことがあり、そうならないよう気遣いをしてくれる。叔母は施設で介護職として働いていることから、母親の状態に理解がある。叔父夫婦も何かあれば駆けつけてくれる。隣に住む方（自営）が、ちょっとした物を届けにきてくれたり、ゴミ出しや買い物などに気を配ってくれる。

（出所）厚生労働省「仕事と介護の両立支援推進のためのアイディア集（平成24年度両立支援ベストプラクティス普及事業）」より（一部修正）

あとがき

現在、「介護離職」は、新聞やテレビなどマスコミでも頻繁に取り上げられるテーマとなっている。介護による離職に焦点を当てることで、「仕事と介護の両立」が難しい課題であることが繰返しアピールされている。たしかに、企業における働き方や介護保険、地域における介護支援、予防支援の現状をみると、「仕事と介護の両立」のために必要な取組み課題は多い。しかし、それらの課題がすべて解決しないと仕事と介護の両立が不可能なのではない。

本書では、まずは社員が介護の課題に直面しても、現在の介護保険などによる社会資源を適切に活用して、「仕事と介護を両立」できるための仕組みづくりを企業に提案している。企業で働く介護者も、そして企業も、「辞めるか辞めないか」ではなく、「仕事と介護の両立」を前提として、そこから具体的に「どう両立するか」を考えていくことが重要である。現に仕事と介護を両立している人たちは週に2日や1日に4時間だけ働くなど特別な働き方を認めてくれる企業で働いている訳ではなく、残業免除や月に数回の半休や1日単位の休暇の取得を認めてくれる企業で働いている。介護支援サービスも、全額自己負担の民間サービスを大量に利用している訳ではなく、介護保険制度の支給限度額内の介護サービスを中心に利用してフルタイムに近い勤務時間をカバーできる介護体制を構築している。両立の要《かなめ》は、勤務先では、職場の理解と柔軟な働き方が可能となることであり、地域では信頼できるケアマネジャーや介護事業者を選ぶことにある。

企業の人事担当者も、困難な介護事例を見聞きすることで、「介護は特別」との思いを強くし、特別な働き方を用意しなければならないと考えがちである。しかし、仕事と子育ての両立もそうだが、一部の人だけに特別な働き方を用意している組織は、組織運営も困難となるし、そうした働き方をする人たちも職場で肩身の狭い思いをし、活躍することができないことになりがちである。まずは、本書にあるようにすべての社員を対象としてワーク・ライフ・バランスが可能となるよう、長時間労働から脱し、柔軟な働き方を実現させることが重要である。その上で、すでに多くの企業で整備されている仕事と介護の両立を支援する介護休業・介護休暇等の制度を実際に利用可能なものとすることである。そのためには、そうした制度を利用した人、あるいは他の柔軟な働き方を選択した人が、職場で仕事を通じて貢献できるように役割分担や評価のあり方を検討する必要がある。

「介護」だけが特別なのではなく、企業という組織の中で働くことが一般化した社会では、働く人々が直面する様々なライフイベントや心身の健康問題、家族の問題等に柔軟に対応していける働き方の整備がますます重要になってくる。最近では、「がん治療と仕事の両立」も注目されつつある。「仕事と介護の両立」は、企業が取り組んでいるワーク・ライフ・バランスの取組みの進捗状況を図る一つの指標になるだろう。企業の人事担当者は、社員から相談された介護事例に対し、今、自社で可能な働き方の選択肢を示し、在宅介護であればケアマネジャーの取組みと連携をし、介護サービスとの組み合わせの中で、どこまで社員を支援できるのかを検証し、必要があれば、介護の問題にとどまらず、自社のワーク・ライフ・バランスの取組みの見直しをすべきである。

もちろん、現行の介護保険制度が今のままで十分だと言っている訳ではない。ただ、現状ではまだ十分活用されておらず、どの程度不足なのかが明らかにされていない。要介護度別の支給限度額に占める利用率は、年々増えていることが報告されており、働きながら介護する人が増えることで利用率が高まれば、介護サービスの財源や供給体制にさらに課題が出てくるであろう。介護保険制度の政策評価がこれまで十分なされてきたとは言えず、「介護の社会化」という制度の趣旨に照らして、仕事と介護の両立を可能とし介護離職の防止にどれだけ役立つ制度になっているのかという視点で評価が行われる必要がある。また今後、高齢化の進展を背景に要介護者の増加により、さらに財政が厳しくなってきた場合も、どこまでその役割を担うことができるかで、制度としての真価が問われよう。

困難な状況で介護と向き合っている方や介護のために離職した方を前にしたときに、「仕事と介護の両立は可能だ」と主張することは、「あなたの選択は間違っている」と言っているようで、非常に心苦しいことも確かである。自分の意思で親の介護を担いたいという人もおり、人それぞれの生き方は尊重されるべきである。しかし、子育てと同様、現状では、本人の意思のみではなく、「親族の誰か、特に女性が介護に専念すべき」という社会的な「固定的役割分担意識」などのために離職に追い込まれている人も少なくない。だからこそ、あえて「介護で仕事を辞めるべきではない」というメッセージを本書では強調している。こうした認識を社会全体で共有し、両立できない理由を述べたてるのではなく、「仕事と介護の両立」のための取組みを、本人、企業、社会のあらゆるレベルでスタートさせることが必要と考える。

本書が、社員の「仕事と介護の両立」に心を砕く、多くの人事担当者の一助となれば幸いである。

矢島洋子、佐藤博樹

〔著者紹介〕

佐藤　博樹

中央大学大学院戦略経営研究科教授

専門は人的資源管理。

兼職として、内閣府の男女共同参画会議議員やワーク・ライフ・バランス推進官民トップ会議委員、経産省のダイバーシティ経営企業100選運営委員長など。

■ 著書
- 『男性の育児休業』（共著、中公新書）
- 『ワーク・ライフ・バランス：仕事と子育ての両立支援』（編著、ぎょうせい）
- 『職場のワーク・ライフ・バランス』（共書、日経文庫）
- 『ワーク・ライフ・バランスと働き方改革』（共編著、勁草書房）
- 『人材活用進化論』（日本経済新聞出版社）
- 『ワーク･ライフ･バランス支援の課題：人材多様化時代における企業の対応』（共編著、東京大学出版会）
- 『ダイバーシティ経営と人材活用：多様な働き方を支援する企業の取り組み』（共編著、東京大学出版会）

など多数

矢島　洋子

三菱UFJリサーチ＆コンサルティング株式会社
／女性活躍推進・ダイバーシティマネジメント戦略室室長
／主席研究員

専門は、男女共同参画政策、少子高齢社会対策、雇用政策。兼職としては、中央大学大学院戦略経営研究科客員教授、文部科学省「男女共同参画推進のための学び・キャリア形成に関する有識者会議」委員、公益財団法人東京都人権啓発センター理事　など。

■著書
- 『ワーク・ライフ・バランス　仕事と子育ての両立支援』（共著、ぎょうせい）
- 『叢書働くと言うこと　第７巻女性の働き方』（共著、ミネルヴァ書房）
- 『国際比較の視点から日本のワーク・ライフ・バランスを考える』（共著、ミネルヴァ書房）
- 『ワーク･ライフ･バランス支援の課題：人材多様化時代における企業の対応』（共著、東京大学出版会）
- 『ダイバーシティ経営と人材活用：多様な働き方を支援する企業の取り組み』（共著、東京大学出版会）

など

※　本書の内容につきましては、平成 26 年 10 月 1 日時点で作成しており、ı 訂版の発行にあたり、一部加筆修正しました。

新訂 介護離職から社員を守る
—ワーク・ライフ・バランスの新課題—

平成26年11月5日　初版発行
平成30年2月9日　改訂版発行

著　者　佐藤　博樹
　　　　矢島　洋子
発行人　藤澤　直明
発行所　労働調査会
〒170-0004　東京都豊島区北大塚2-4-5
TEL 03-3915-6401（代表）
FAX 03-3918-8618
http://www.chosakai.co.jp/

ISBN978-4-86319-660-5 C2036